Die Vorwissenschaftliche Arbeit von A bis Z

Matthias Karmasin, Rainer Ribing

unter Mitarbeit von Claus Braunecker

Die Vorwissenschaftliche Arbeit von A bis Z

facultas

Matthias Karmasin ist Professor für Medien- und
Kommunikationswissenschaft und Direktor des Institutes
für vergleichende Medien- und Kommunikationsforschung
(CMC) der Österreichischen Akademie der Wissenschaften
und der Alpen-Adria-Universität Klagenfurt.

Rainer Ribing ist Direktor der Wirtschaftskammer
Burgenland und arbeitet seit 1998 als Autor und Lektor
im Fachgebiet „wissenschaftliches Arbeiten".

Claus Braunecker arbeitet seit drei Jahrzehnten als
Instituts- und Betriebsmarktforscher in Österreich und
lehrt seit vielen Jahren Empirische Methoden an diversen
Universitäten und Fachhochschulen.

Bibliografische Information Der Deutschen Nationalbibliothek

Die Deutsche Nationalbibliothek verzeichnet diese Publikation
in der Deutschen Nationalbibliografie; detaillierte bibliografische
Daten sind im Internet unter http://d-nb.de abrufbar.

© 2018 Facultas Verlags- und Buchhandels AG
facultas Verlag, Stolberggasse 26, 1050 Wien
Alle Rechte, insbesondere das Recht der Vervielfältigung
und der Verbreitung sowie der Übersetzung, sind vorbehalten.

Konzept und Lektorat: Mag. Sandra Illibauer-Aichinger
Umschlaggestaltung, Layout und Satz: Florian Spielauer
Druck: FINIDR
Printed in the EU

ISBN 978-3-7089-1684-2

Inhalt

Vorwort

Dieses Buch versteht sich als Hilfestellung und Ratgeber bei der Abfassung der Vorwissenschaftlichen Arbeit. Wie bei anderen Texten auch sind wir bei der Konzeption von den Anforderungen und Bedürfnissen jener ausgegangen, die die Arbeit schreiben. Am Beginn standen also einerseits Gespräche mit Schülerinnen und Schülern, von denen manche die VWA bereits abgeschlossen hatten und andere gerade dabei waren, sie zu schreiben, andererseits aber auch Gespräche mit Lehrerinnen und Lehrern, die uns von ihren Erfahrungen bei der VWA-Betreuung berichtet haben. Die gesetzlichen Anforderungen wurden selbstverständlich berücksichtigt, es flossen die Kriterien zur Beurteilung von Vorwissenschaftlichen Arbeiten ein und nicht zuletzt auch unsere eigenen Erfahrungen im Bereich des wissenschaftlichen Arbeitens.

Sie finden in diesem Buch durchgängig konkrete Beispiele, hilfreiche Tipps sowie jeweils am Kapitelende praktische Übungsaufgaben und viele der angeführten Muster-Formulare und Übersichtspläne stehen auch als Download zur Verfügung.

Wir danken Sandra Illibauer-Aichinger für das Konzept und das sorgsame und feinfühlige Lektorat, Julia Durau und Denise Voci von der Alpen-Adria-Universität Klagenfurt für die Gespräche mit Schülerinnen und Schülern sowie wertvolle inhaltliche Impulse und Anregungen.

Es freut uns, dass mit Claus Braunecker ein kompetenter und erfahrener Autor für den Bereich der empirischen Forschung gewonnen werden konnte, und wir danken ihm für die unkomplizierte Kooperation.

Wir hoffen, dass das Endprodukt unserer Bemühungen den Prozess der VWA von der Themenfindung über die Gestaltung bis hin zur Präsentation und Diskussion übersichtlich und klar nachvollziehbar macht, und wünschen gutes Gelingen und frohes Schaffen!

Jänner 2018   Matthias Karmasin und Rainer Ribing

1 Grundlagen der VWA

- Was genau ist eine VWA und was wird von mir erwartet?
- Was muss ich wann machen?
- Wie läuft die Betreuung ab?

1.1 Gesetzliche Vorgaben und Anforderungen

Mit dem Schuljahr 2014/15 wurde in Österreich die neue (teil-)standardisierte, kompetenzorientierte Reifeprüfung im AHS-Bereich eingeführt,[1] die folgende drei Säulen umfasst:

Vorwissenschaftliche Arbeit (VWA)	(schriftliche) Klausurprüfungen	mündliche Prüfungen

Die VWA als verpflichtende erste Säule umfasst drei Teilgebiete, also nicht nur die **schriftliche Arbeit** (von max. 60.000 Zeichen[2], vgl. Kap. 6.1), sondern auch deren **Präsentation** und **Diskussion** (von insges. 10 bis 15 Minuten, vgl. Kap. 7). Sie soll die Schülerinnen und Schüler in die Grundlagen des wissenschaftlichen Arbeitens einführen und dient als Vorbereitung für ein Universitäts- oder Hochschulstudium.[3]

Wichtig ist, dass die VWA **vorwissenschaftliches Niveau** aufweisen soll, das bedeutet: Ihre Arbeit ist nicht so umfangreich und detailliert wie eine wissenschaftliche Arbeit. Sie müssen zeigen, dass Sie die wichtigsten Regeln des wissenschaftlichen Arbeitens (v. a. im Hinblick auf Zitation, Dokumentation, Einheitlichkeit und Nachvollziehbarkeit) kennen und korrekt anwenden können, Ihre Arbeit muss aber nicht in allen Bereichen exakt den wissenschaftlichen Regeln entsprechen. Immerhin sind Sie noch kein Profi, sondern Anfängerin bzw. Anfänger!

Folgende **Anforderungen** werden an die VWA gestellt:[4]

Selbstständigkeit: Die VWA ist „selbständig und außerhalb der Unterrichtszeit zu erstellen"[5]. Das bedeutet zuallererst, dass Sie die schriftliche Arbeit selbst, also eigenständig, verfassen. Sie müssen aber auch das gesamte Projekt selbst organisieren, die einzelnen Schritte von Themenfindung,

---

1   Die wichtigsten gesetzlichen Regelungen zur neuen Reifeprüfung finden Sie im SchUG 2010, BGBl. I Nr. 52/2010, §34–41 (vgl. insbes. §34 zur VWA).
2   Inkl. Leerzeichen und Fußnoten; nicht mitgezählt werden Vorwort, Verzeichnisse und Anhang.
3   Vgl. BMB 2016a: 4.
4   Vgl. auch die Prüfungsordnung AHS 2012, BGBl. II Nr. 174/2012, §8 (1).
5   SchUG 2010, BGBl. I Nr. 52/2010, §34 (3) 1.

Kontaktaufnahme mit der Betreuungsperson, Forschungs- und Schreibarbeit bis hin zur Präsentation planen und zeitgerecht durchführen.

Thema und Fragestellung: Sie müssen ein angemessenes Thema finden (das ausformulierte Thema, das Sie dann einreichen, ist gleichzeitig der Titel Ihrer VWA, vgl. Kap. 2) und dazu eine sinnvolle, geeignete Fragestellung formulieren – allerdings nur für einen kleinen, begrenzten Bereich Ihres Themas. Sie müssen diese Fragestellung anhand einer geeigneten Methode untersuchen und in eigenständiger Arbeit Antworten darauf finden (in der wissenschaftlichen Literatur oder durch eigene Untersuchungen in kleinem Rahmen), diese Antworten müssen aber nicht neu sein und Sie müssen auch keine neuen Erkenntnisse gewinnen.

Methodisches Vorgehen: Ihre Aufgabe ist es, eine Methode zu wählen, die zu Ihrer Fragestellung passt, sich bei der Durchführung Ihrer Untersuchung an die für Ihre Methode geltenden Regeln zu halten und sowohl Ihre Vorgehensweise als auch Ihre Erkenntnisse und Schlussfolgerungen nachvollziehbar zu dokumentieren.

Umgang mit Literatur und Quellen: Es wird von Ihnen erwartet, zur Beantwortung Ihrer Fragestellung relevante und zitierfähige Literatur heranzuziehen und zu vergleichen – allerdings nicht die gesamte relevante Literatur zu Ihrem Thema, sondern nur einige Texte. Zitieren Sie Ihre Quellen (Bücher, Websites etc.) immer korrekt und führen Sie sie im Literaturverzeichnis an.

Gestaltung der Arbeit: Sie müssen sowohl inhaltlich als auch formal bestimmte wissenschaftliche Regeln einhalten.

Des Weiteren werden von Ihnen umfassende **inhaltliche Kenntnisse** in Ihrem Fachgebiet gefordert, **Kommunikations- und Diskursfähigkeit**, **logisches und kritisches Denken** sowie eine **klare, angemessene Sprachform** – Kompetenzen also, die Sie sich im Verlauf Ihrer schulischen Ausbildung bereits angeeignet haben und die Sie nun im Zuge der VWA weiter vertiefen und unter Beweis stellen.

> TIPP: Auch wenn im Rahmen einer VWA viel von Ihnen gefordert wird – **lassen Sie sich davon nicht entmutigen!** Eine VWA schreibt sich nicht von heute auf morgen. Beginnen Sie rechtzeitig mit Ihrem Projekt und setzen Sie einen Schritt nach dem anderen. Für jeden einzelnen dieser Schritte finden Sie in den nächsten Kapiteln zahlreiche **Anleitungen, Hilfestellungen, Beispiele und Empfehlungen**. Ganz zu Beginn steht: eine umfassende und realistische Zeit- und Projektplanung.

1.2 Zeit- und Projektplanung

Auch wenn Sie schon eine erste Idee für Ihre VWA haben und am liebsten gleich losschreiben möchten – planen Sie zuallererst die einzelnen Arbeitsschritte und halten Sie **schriftlich** fest, **was wann zu tun ist**. Ein sorgfältiger Projektplan erleichtert Ihnen die Umsetzung und unterstützt Sie dabei, wichtige Fristen nicht zu versäumen.

Im folgenden beispielhaften **Zeit- und Projektplan** sind alle vom Gesetzgeber vorgegebenen verbindlichen Termine und Fristen berücksichtigt:[6]

Phasen	Arbeitsschritte	Betreuung	Zeitpunkt
7. KLASSE – 1. SEMESTER			
Themenfindung und Auswahl Betreuungsperson (Kap. 1 + 2)	➡ groben Themenbereich überlegen ➡ Betreuungsperson auswählen und ansprechen ➡ erste Literatur recherchieren ➡ Methode wählen ➡ Fragestellung und Thema (= Titel) konkretisieren	Kontaktaufnahme mit der Betreuungsperson und Erstgespräch (Eingrenzung des Themas, Konkretisierung der Fragestellung, Methodenwahl etc.)	Sept.–Jan.
Einreichung des Themas = Titels (Kap. 3)	➡ Thema (= Titel) und Erwartungshorizont ausformulieren und einreichen		Jan./Feb. (Termin wird von Schule festgelegt)
7. KLASSE – 2. SEMESTER			
Genehmigung des Themas durch Betreuungsperson und Direktion			bis Ende März
Genehmigung des Themas durch zuständige Schulbehörde			bis Ende April
		1 Beratungsgespräch (Termine, Organisatorisches, Beurteilungskriterien, formale Richtlinien, Regeln der Zusammenarbeit etc.)	April/Mai
Recherche u. ggfalls Vorbereitung der empirischen Untersuchung (Kap. 4)	➡ Material sammeln ➡ Literatur recherchieren ➡ ggfalls Fragebogen erstellen, Experiment planen etc.		April–Juni
8. KLASSE – 1. SEMESTER			
Forschungsarbeit (Kap. 4)	➡ Literatur lesen, analysieren und exzerpieren ➡ ggfalls empirische Untersuchung durchführen, Ergebnisse auswerten und interpretieren	1–2 Beratungsgespräche	Juli–Sept.
Schreibarbeit (Kap. 5 + 6)	➡ Arbeit schreiben und formatieren	1–2 Beratungsgespräche	Okt.–Nov.
Korrektur und Überarbeitung (Kap. 6.4)	➡ Arbeit Korrektur lesen (und lesen lassen) ➡ überarbeiten und endlayoutieren ➡ ausdrucken und binden lassen		Dez.–Anf. Jan.
8. KLASSE – 2. SEMESTER			
Abgabe und Hochladen (Kap. 6.4)	VWA inkl. Begleitprotokoll zweifach in gedruckter Form abgeben und in digitaler Form hochladen		Februar (konkret: 1. Unterrichtswoche des 2. Semesters)
Begutachtung und Beschreibung durch Betreuungsperson			bis Mitte März (innerhalb von 3 Wochen nach Abgabe)
		abschließendes Beratungsgespräch (Rückmeldung, Beratung zur Präsentation)	März
Präsentation und Diskussion (Kap. 7)	➡ Präsentation vorbereiten ➡ Vortrag vor der Prüfungskommission mit anschließender Diskussion und Beurteilung		April/Mai (Termin wird von zuständiger Schulbehörde festgelegt)

Abbildung 1: Zeit- und Projektplan (zum **Download** unter: facultas.at/list/9783708916842)

6   Vgl. BMB 2016a: 5 und Prüfungsordnung AHS 2012, BGBl. II Nr. 174/2012, §8 und §10.

> TIPP: Unterschätzen Sie bei Ihrer Zeiteinteilung nicht die **Korrekturphase**! Korrekturlesen, Fehlerkorrektur, Überarbeiten und eventuell teilweises Umgestalten der Arbeit sowie Layoutieren der Endfassung nehmen erfahrungsgemäß einen beträchtlichen Anteil Ihrer zeitlichen Ressourcen in Anspruch.

1.3 Betreuung

✳ Auswahl der Betreuungsperson

Das Projekt VWA beginnt mit der Wahl eines geeigneten Themas und damit einhergehend mit der Wahl einer passenden Betreuungsperson. Es empfiehlt sich, Ihre Wunsch-Betreuungsperson schon **frühzeitig**, nämlich am besten schon **im 1. Semester der 7. Klasse, anzusprechen** (im Unterricht, am Gang, per E-Mail etc.) und um einen Termin für ein Erstgespräch zu bitten. Denn zum einen hat die konkrete Festlegung von Thema bzw. Titel im Einvernehmen zwischen der Betreuungsperson und Ihnen zu erfolgen. Und zum anderen darf eine Lehrperson grundsätzlich „bis zu drei, höchstens jedoch fünf vorwissenschaftliche Arbeiten pro Reifeprüfungsjahrgang"[7] betreuen – die Kapazitäten der Lehrkraft sind also begrenzt!

Als Betreuungsperson können Sie eine **beliebige Lehrperson** Ihres Schulstandortes wählen, es muss sich dabei nicht um eine Klassenlehrkraft handeln und falls Ihr Thema einem Schulfach zugeordnet ist, muss sie dieses Fach auch nicht unterrichten. Allerdings muss die Lehrperson über die erforderliche **berufliche oder außerberufliche Sach- und Fachkompetenz** verfügen.[8] Die Betreuungsperson darf ein vorgeschlagenes Thema ablehnen, nicht aber eine bestimmte Schülerin bzw. einen bestimmten Schüler, solange sie noch über Betreuungskapazitäten verfügt.

> TIPP: Wählen Sie Ihre Betreuungsperson nach folgenden Kriterien aus:
> - Die Lehrkraft verfügt über das notwendige Fachwissen zu dem von Ihnen gewählten Thema.
> - Sie verfügt über Betreuungskapazitäten.
> - Sie können sich eine Zusammenarbeit mit dieser Lehrkraft gut vorstellen bzw. haben schon positive Erfahrungen mit ihr (im Unterricht oder im Rahmen eines Projekts) gesammelt.

✳ Beratungsgespräche

Im Rahmen der Betreuung sind laufend Beratungsgespräche zu führen, die entsprechend der jeweiligen Phase des Arbeitsprozesses folgende Themen behandeln:

Vor Arbeitsbeginn – 7. Klasse, 1. Semester: Beratung zur Eingrenzung und Konkretisierung von Thema (bzw. Titel) und Fragestellung sowie zur Methodenwahl; Hilfestellung bei der Erarbeitung eines Zeit- und Projektplans; Hinweise zur Recherche; Rückmeldung zum Erwartungshorizont (für die Einreichung des Themas bzw. Titels)

---

7 Prüfungsordnung AHS 2012, BGBl. II Nr. 174/2012, §8 (1).
8 Vgl. ebd.

Nach der Genehmigung des Themas – 7. Klasse, 2. Semester: Hinweise auf wichtige einzuhaltende Termine; Besprechung von organisatorischen Details, Beurteilungskriterien und formalen Richtlinien; Vereinbarung von Regeln der Zusammenarbeit („Contracting")

Während der Arbeit – 8. Klasse, 1. Semester: Kontinuierliche Betreuung und Rückmeldung im Rahmen der Forschungs- und Schreibarbeit (zu einzelnen Arbeitsschritten, einzelnen Kapiteln etc.)

Nach Abgabe der VWA – 8. Klasse, 2. Semester: Plagiatsprüfung; Korrektur und Beschreibung der Arbeit durch die Betreuungsperson sowie deren Übermittlung an die Schulleitung; abschließendes Beratungsgespräch mit Rückmeldung zur Arbeit und Beratung im Hinblick auf die Präsentation und Diskussion

> TIPP: Ihre Betreuungsperson berät Sie, gibt Tipps und Rückmeldung, Sie wird Ihre Arbeit aber **nicht schreiben, Korrektur lesen oder überarbeiten**.

✳ Protokolle

Den Fortgang Ihres Arbeitsprozesses dokumentieren Sie in einem **Begleitprotokoll**, das Sie der fertigen VWA beilegen müssen und das folgende Punkte enthalten soll:[9]
- Dokumentation des Arbeitsverlaufs (Was haben Sie gemacht? Wann? Wie? Mit welchem Ergebnis?)
- Nennung der verwendeten Hilfsmittel und Hilfestellungen (Literatur, Personen etc.)
- Stichwortartige Auflistung der Vereinbarungen und Besprechungen mit der Betreuungsperson (Datum und jeweiliger Inhalt des Gesprächs)

> TIPP: Wenn Sie mit dem Begleitprotokoll beginnen, haben Sie zunächst vermutlich nur einen groben, übergeordneten Themenbereich im Kopf, z.B. *„Marken"*. Achten Sie darauf, im fertigen Protokoll Ihr tatsächliches, konkretes Thema (bzw. den Titel) anzuführen, im exakten Wortlaut wie bei der Einreichung (vgl. Kap. 3).

> BEISPIEL: Begleitprotokoll[10]
>
> | | |
> |---|---|
> | Name der Schülerin/des Schülers: | Max Maier |
> | Thema der Arbeit: | Das Markenbewusstsein bei Jugendlichen im Geschlechtervergleich |
> | Name der Betreuungsperson: | Prof. Mag. Anna Paul |

---

9   Vgl. BMB 2016a: 7 und Prüfungsordnung AHS 2012, BGBl. II Nr. 174/2012, §9 (2).
10 Vgl. Musterbeispiel auf der Plattform www.ahs-vwa.at („Einreichung unterstützen") [14.2.2018].

Datum	Vorgangsweise, ausgeführte Arbeiten, verwendete Hilfsmittel, aufgesuchte Bibliotheken …	Besprechungen mit der Betreuungsperson, Fortschritte, offene Fragen, Probleme, nächste Schritte
10.9.2018	Thema finden: Diskussion in der Klasse über „Marken" – darüber möchte ich schreiben! Eine Befragung wäre spannend.	Nächste Schritte: Literatursuche; überlegen, wer mich betreuen könnte
Sept. 2018	Literatursuche	Problem: Sind die Bücher wissenschaftlich? Ich möchte Prof. Paul als Betreuerin gewinnen und um Hilfe bei der Literatursuche bitten.
11.10.2018	Betreuungsperson finden: Ich habe Prof. Paul angesprochen und sie hat zugesagt.	
5.11.2018	1. Beratungsgespräch	Prof. Paul gibt mir Tipps zur Themeneingrenzung und Literatursuche
…	…	…
4.10.–7.10.2019	Schreibarbeit – Kap. 1 ist fertig, Übergabe an Prof. Paul	Nächste Schritte: Rückmeldung zum 1. Kapitel
9.10.2019	Beratungsgespräch (Rückmeldung)	Tipp von Prof. Paul: keine zu komplizierten Sätze – vereinfachen!
10.10.–27.11.2019	Schreibarbeit	Problem: Wie schaffe ich es, dass das Abstract keine Kapitelnummerierung hat und als „Seite 1" gezählt wird?
…	…	…

Ihre **Betreuungsperson** wiederum führt ein **Betreuungsprotokoll** über den Entwicklungsprozess der Arbeit und die erreichten Meilensteine. Es enthält Aufzeichnungen über die Gespräche zur Themenfindung und zur Festlegung des Erwartungshorizonts, zur kontinuierlichen Betreuung und zur Präsentation und Diskussion und ist von der Betreuungsperson dem Prüfungsprotokoll anzuschließen.[11]

BEISPIEL: Betreuungsprotokoll[12]

Name der Schülerin/des Schülers: Max Maier

Thema der Arbeit: Das Markenbewusstsein bei Jugendlichen im Geschlechtervergleich

Name der Betreuungsperson: Prof. Mag. Anna Paul

Datum	Inhalt der Besprechungen, E-Mail-Kontakte etc. mit der Schülerin/ dem Schüler	Fortschritte, offene Fragen, Probleme, nächste Schritte
11.10.2018	Max Maier bittet mich um die Betreuung seiner VWA; ich sage gerne zu	Nächster Schritt: Termin für das 1. Beratungsgespräch
5.11.2018	1. Beratungsgespräch: Der Themenbereich „Marken" ist gut, muss aber noch besser eingegrenzt werden; ich gebe Tipps zu Eingrenzung/Literaturrecherche	Nächstes Gespräch: Rückmeldung zur Eingrenzung; Hinweise für die Einreichung (Termine, Inhalte)
…	…	…

---

11 Vgl. BMB 2016a: 11 und Prüfungsordnung AHS 2012, BGBl. II Nr. 174/2012, §9 (3).
12 Vgl. Musterbeispiel auf www.ahs-vwa.at („Einreichung unterstützen") [14.2.2018].

ÜBUNGSAUFGABEN

- Legen Sie eine Mappe bzw. einen Ordner für all Ihre Unterlagen zur VWA an – so behalten Sie leichter den Überblick.

- Erarbeiten Sie einen individuellen Zeit- und Projektplan (vgl. Kap. 1.2).

- Stellen Sie erste Überlegungen an, was Ihr Wunsch-Themenbereich ist und welche Betreuungsperson dafür in Frage kommen könnte.

- Beginnen Sie mit Ihrem Begleitprotokoll (vgl. Kap. 1.3) und notieren Sie darin diese Überlegungen und ersten Schritte.

ODER KURZ GESAGT ...

Die VWA umfasst eine schriftliche Arbeit, deren Präsentation und Diskussion und ist ein Projekt, das Sie selbstständig planen und durchführen müssen. Beginnen Sie daher schon im 1. Semester der 7. Klasse mit der Auswahl von Thema und Betreuungsperson und erstellen Sie außerdem einen Zeit- und Projektplan.

2 Thema und Fragestellung

- Thema, Titel, Fragestellung – worin besteht der Unterschied?
- Welches Thema eignet sich für eine VWA?
- Wie formuliere ich eine konkrete Fragestellung?

Das Ziel jeder wissenschaftlichen Arbeit besteht darin, zu einem **konkreten Thema** eine **konkrete Fragestellung** zu erforschen und zu beantworten. Ein geeignetes Thema zu finden und eine präzise Fragestellung zu formulieren, erfordert viel Zeit, Geduld und Sorgfalt. Je gewissenhafter Sie dabei vorgehen, desto leichter fällt Ihnen später die Umsetzung. Beginnen Sie daher schon möglichst früh damit, spätestens jedoch im 1. Semester der 7. Klasse.

Das Thema der VWA ist **frei wählbar** und es eignet sich grundsätzlich jedes Thema für die Bearbeitung; es kann, muss aber nicht einem konkreten Schulfach zugeordnet sein. Wichtig ist, dass Sie zu Ihrem Thema eine Fragestellung formulieren, diese mit einer geeigneten Methode bearbeiten und den Prozess nachvollziehbar dokumentieren – das entscheidet über die Wissenschaftlichkeit Ihrer Arbeit (vgl. Kap. 4).

> **TIPP:** Ein wichtiger Hinweis vorweg: Beachten Sie, dass das **Thema**, das Sie einreichen, **gleichzeitig der Titel** Ihrer VWA ist und nach der Genehmigung durch die Schulbehörde **nicht** mehr geändert werden kann (vgl. Kap. 3)! Sie können später allerdings noch einen Untertitel hinzufügen und auch Ihre Fragestellung können Sie bei Bedarf im Lauf der Arbeit noch adaptieren.

(Vor-)Wissenschaftliche Arbeiten drohen besonders dann zu scheitern, wenn das Thema bzw. der Titel zu allgemein gehalten ist. Arbeiten wie *„Der Einfluss von Medien auf unser Leben"* oder *„Die Literatur des 20. Jahrhunderts"* werden – wenn überhaupt – kaum in einer annehmbaren Zeit zu bewältigen sein. Es ist daher unbedingt erforderlich, dass Sie ein **klar eingegrenztes Thema** und eine **konkrete Fragestellung formulieren**, auf die Sie eine Antwort finden möchten. Lassen Sie sich dabei von Ihren Interessen leiten, berücksichtigen Sie aber auch den Faktor „Machbarkeit": Denn Sie müssen Ihr Thema in einer begrenzt zur Verfügung stehenden **Zeit** bearbeiten, es müssen **Quellen und Materialien** zu diesem Thema in ausreichendem Ausmaß vorliegen, Sie müssen Zugang zu diesen Quellen haben und auch die zur Beantwortung Ihrer Fragestellung erforderliche **Methode** beherrschen.[13]

Ein Thema wie etwa *„Unser Sonnensystem"* kann noch so spannend sein – wenn die Beantwortung Ihrer Fragestellung einen Blick durch das Hubble-Teleskop erfordert, werden Sie Ihr Thema

---

13 Vgl. Eco 2010: 14.

anderweitig eingrenzen müssen. Und wenn Sie Ihre Fragestellung nur dadurch beantworten können, indem Sie Mitglieder des UN-Sicherheitsrates befragen, sollten Sie sich auch in diesem Fall ehestmöglich eine andere Frage überlegen.

> TIPP: Ihr Thema sollte grundsätzlich zwei Voraussetzungen erfüllen: Es soll **interessant** und **machbar** sein.

In den folgenden Unterkapiteln erfahren Sie, wie Sie in insgesamt fünf Schritten vom Allgemeinen zum Konkreten, also von einer vagen Idee zu einem konkreten Thema gelangen (bzw. in selteneren Fällen umgekehrt vom Konkreten zum Allgemeinen, also von einem konkreten Thema zum übergeordneten Themenbereich), und wie Sie zu Ihrem Thema eine präzise Fragestellung formulieren.

2.1 Themenbereiche finden

Beginnen Sie damit, einige übergeordnete Themenbereiche Ihren Interessen gemäß festzulegen. Kümmern Sie sich noch nicht darum, wie Sie diese Bereiche eingrenzen könnten – das folgt erst im nächsten Schritt. Dokumentieren Sie in einer **Ideensammlung** alle Schlagwörter, Begriffe und Gedanken, die Ihnen einfallen:

- Welche Artikel und Beiträge in Zeitungen, Fernsehen, Radio, Internet finden Sie interessant?
- Welche Unterrichtsfächer bzw. bestimmte Themenbereiche (über die Sie z.B. schon ein Referat gehalten haben) sind für Sie spannend, wo liegen Ihre Stärken?
- Welche Hobbys haben Sie, wie gestalten Sie Ihre Freizeit?
- Kennen Sie Expertinnen bzw. Experten zu einem bestimmten Themengebiet, über das Sie mehr erfahren möchten?

2.2 Unterbereiche eingrenzen

Solche Themenbereiche wie *„Klimawandel"*, *„Medien und Kommunikation"* oder *„Literatur"* sind natürlich noch viel zu umfassend, daher geht es in einem zweiten Schritt um die Eingrenzung bzw. die Definition von einem **konkreten und überschaubaren Teilaspekt**, über den Sie in Ihrer VWA schreiben möchten. Überlegen Sie sich zu den zwei oder drei Themenbereichen, die Sie am interessantesten finden, wiederum drei bis fünf konkrete **Unterbereiche**.
Benützen Sie dazu alle Schlagwörter, die Sie in Ihrer Ideensammlung notiert haben, und starten Sie ganz einfach mit einer **Schlagwortsuche** in einer Internet-Suchmaschine wie Google, Yahoo etc. Folgen Sie den am interessantesten erscheinenden Links und notieren Sie alle neu auftauchenden Begriffe, die Ihnen wichtig erscheinen.
Führen Sie außerdem bereits jetzt eine erste **Literaturrecherche** durch (im Internet, in der Schulbibliothek etc.). Sie brauchen dabei noch keine ganzen Bücher zu lesen. Konzentrieren Sie sich zunächst vor allem auf die Inhaltsverzeichnisse, Klappentexte und Buchbesprechungen. Damit Sie auch später noch wissen, welche Literatur Sie recherchiert (bzw. auch welche Sie noch nicht recher-

chiert) haben, notieren Sie von allen Büchern und Artikeln zumindest den Namen von Autorin/Autor bzw. Herausgeberin/Herausgeber, Titel/Untertitel und das Jahr sowie bei Online-Quellen zusätzlich die Internetadresse mit dem Datum des letzten Zugriffs (vgl. Kap. 5.3 und 5.4). Kopieren bzw. drucken Sie die relevant erscheinenden Textstellen aus und legen Sie all diese Unterlagen in Ihrer VWA-Mappe ab.

> **TIPP:** Beachten Sie, dass nicht jede Literatur, die man per Google- oder Amazon-Suche findet, auch wissenschaftlich ist! Suchen Sie daher besser per Schlagwortsuche im Online-Katalog einer österreichischen **Universitätsbibliothek (UB)**, z. B. der UB in Wien unter https://usearch. univie.ac.at (zu konkreten Techniken der Literaturrecherche vgl. Kap. 4.2).

2.3   W-Fragen entwickeln

Wählen Sie den Unterbereich aus, der Sie einerseits am meisten interessiert und zu dem Sie andererseits ausreichend Literatur gefunden haben (Sie können über ein Thema – und sei es noch so spannend – keine VWA schreiben, wenn dazu keine Unterlagen und Materialien vorliegen).
Ein Thema kann am besten dadurch eingegrenzt werden, indem man es an **konkreten Beispielen** festmacht, etwa einer Person, einem Ort, einer Zeitspanne etc., die oft auch kombiniert werden. Notieren Sie zu Ihrem Unterbereich daher alle Fragen, die Ihnen dazu einfallen und die Sie daran interessieren, und formulieren Sie sie als sogenannte **W-Fragen**:

WER?   WAS?   WO?   WANN?   WARUM?

Stellen Sie außerdem schon erste Überlegungen dazu an, **mit welchen Mitteln** Sie diese Fragen erforschen könnten: Wollen Sie eine reine Literaturarbeit schreiben, bei der Sie ausschließlich auf wissenschaftliche Bücher und Artikel zurückgreifen bzw. im Rahmen einer Textinterpretation literarische Texte vergleichen, oder möchten Sie auch ein empirisches Forschungsprojekt (mittels Befragung, Beobachtung, Experiment, Inhaltsanalyse etc.) durchführen (zu Literatur- und Empiriearbeit und zur Frage, warum eine Literaturanbindung in jeder VWA notwendig ist, vgl. Kap. 4.1)?

> **TIPP:** Die meisten Fragen lassen sich auf mehrere Arten erforschen und Sie haben die Wahl bzw. müssen sich entscheiden, ob Sie lieber eine reine Literatur- oder auch eine Empiriearbeit durchführen wollen. Manche Fragen erfordern allerdings eine ganz bestimmte Methode, daher ist es ratsam, sich frühzeitig damit auseinanderzusetzen.

Stellen Sie zu den **Quellen, Materialien und Methoden** folgende Überlegungen an:

- Haben Sie **Zugang** zu den notwendigen **Quellen und Materialien** (sind Bücher nicht vergriffen, Fachzeitschriften in einer Bibliothek einsehbar, Archive oder auch Gesprächspartnerinnen und -partner für Sie erreichbar, dürfen Sie das Forschungslabor an Ihrer Schule für Experimente benutzen, haben Sie die notwendigen Mittel, um eine gewünschte Beobachtung durchzuführen etc.)?
- Können Sie mit den Quellen und Materialien **kompetent umgehen** (z.B. in Kurrentschrift oder einer Fremdsprache verfasste Schriftstücke entziffern, naturwissenschaftliche Experimente sachkundig durchführen etc.)?
- Ist für Ihr Vorhaben eine bestimmte **Methode** erforderlich und **beherrschen** Sie diese Methode bzw. können Sie sie anhand von verfügbarer Fachliteratur (in annehmbarer Zeit!) erlernen?
- Ist Ihr Forschungsvorhaben **organisatorisch durchführbar** (gibt es ausreichend Literatur zu Ihrem Thema, gibt es einen passenden Zeitpunkt und Ort für Ihre Befragung/Beobachtung etc.)?
- Welche **Hilfsmittel** brauchen Sie und haben Sie Zugang dazu bzw. können Sie sie selbst erstellen (chemische Substanzen, Fragebogen, Beobachtungsprotokoll etc.)?

Filtern Sie diejenigen W-Fragen heraus, die Ihnen für eine VWA geeignet und ergiebig genug erscheinen. Streichen Sie nur diejenigen W-Fragen aus der Liste, die Sie mit Sicherheit nicht bearbeiten können, und behalten Sie die restlichen im Hinterkopf – sie könnten als Unterfragen in einzelnen Kapiteln zum Einsatz kommen.

> **TIPP: Verzweifeln Sie nicht**, wenn Sie feststellen, dass Sie die Dinge, die Sie erforschen *möchten*, nicht erforschen *können* – Sie stehen ja noch am Beginn Ihrer VWA! Wenn Ihnen zu Ihrem favorisierten Unterbereich keine brauchbaren W-Fragen einfallen, nehmen Sie sich einfach den nächsten Unterbereich vor und formulieren Sie neue Fragen. Besser, Sie erkennen etwaige Mängel und Schwierigkeiten bereits jetzt, als wenn Sie schon viel Arbeit z.B. in die Entwicklung eines Fragebogens gesteckt haben und dann erst merken, dass Sie an die Personen, die Sie befragen müssten, nicht herankommen.

Wenn Sie bei der Themenfindung nicht von einem umfassenden Themenbereich ausgehen, also den Weg **vom Allgemeinen zum Konkreten** beschreiten, sondern bereits von einem konkreten Thema bzw. einem bestimmten Detailaspekt (z.B. *„Mona Lisa"*, *„Einsteins Relativitätstheorie"*, *„Die Reformen Maria Theresias"*), wenn Sie also dem umgekehrten Weg **vom Konkreten zum Allgemeinen** folgen, dann formulieren Sie zu diesem Thema nun ebenfalls verschiedene W-Fragen, überlegen Sie mögliche Methoden und verwerfen Sie diejenigen Fragen, zu deren Bearbeitung Sie nicht über die notwendigen Mittel verfügen.

2.4 Fragestellung und Unterfragen formulieren

Mit der Formulierung einer konkreten Fragestellung erfüllen Sie einen ersten (vor-)wissenschaftlichen Anspruch an Ihre Arbeit. Eine Fragestellung präzise und korrekt zu formulieren, ist ein notwendiges, aber durchaus schwieriges und aufwändiges Unterfangen. Lassen Sie sich daher unbedingt von Ihrer Betreuungsperson beraten!

Es werden prinzipiell fünf **Grundtypen wissenschaftlicher Fragestellungen** unterschieden,[14] wobei eine VWA in der Regel eine Fragestellung aus den ersten beiden Bereichen beantwortet. Die übrigen drei Bereiche sind eher die Ausnahme, da ihre Beantwortung mit einem weitaus höheren Aufwand verbunden ist – „verboten" sind sie deshalb aber natürlich nicht:

- **Beschreibung** (Was ist der Fall? Wie sieht die „Realität" aus?)
- **Erklärung** (Warum ist etwas der Fall? Was sind die Ursachen für eine bestimmte Gegebenheit?)
- Prognose (Wie wird etwas künftig aussehen? Welche Veränderungen werden eintreten?)
- Gestaltung (Welche Maßnahmen sind notwendig, um ein bestimmtes Ziel zu erreichen?)
- Kritik/Bewertung (Wie ist ein bestimmter Zustand vor dem Hintergrund explizit genannter Kriterien zu bewerten?)

Aus den W-Fragen, die für Ihre VWA geeignet erscheinen (die also „interessant und machbar" sind), wählen Sie eine aus (oder kombinieren gegebenenfalls zwei oder drei) und konkretisieren Sie sie. Orientieren Sie sich bei der **Formulierung Ihrer Fragestellung** an folgenden Kennzeichen guter bzw. schlechter wissenschaftlicher Fragen:

Eine gute Fragestellung

- sollte als offene Frage formuliert sein und nicht als Entscheidungsfrage, die mit „ja" oder „nein" beantwortet werden kann
- grenzt das Thema klar ein
- ist präzise formuliert
- kann mit den Ihnen zur Verfügung stehenden Mitteln beantwortet werden
- besteht möglichst nur aus einem Satz

Eine schlechte Fragestellung

- trifft eine Vorannahme (*„Warum stimmt es, dass …?"*)
- ist zu unkonkret bzw. zu allgemein (*„Welchen Nutzen hat die Menschheit vom Internet?"*)
- stellt einen für die VWA zu hohen Anspruch (*„Wie stellt sich der Sachverhalt xy weltweit dar?"*)
- ist beeinflussend bzw. tendenziös (*„Wie unterscheiden sich Männer und Frauen in ihrem Interesse für Politik?"*)

Ihre Fragestellung wird wiederum in **Unterfragen** unterteilt, die in den einzelnen Kapiteln Ihrer Arbeit beantwortet werden. Aufbau und Inhalt der VWA orientieren sich also an der Fragestellung und den Unterfragen. Um die Unterfragen in eine logische Reihenfolge zu bringen, überlegen Sie, wie Sie sie der Reihe nach bearbeiten müssen, um zum Schluss eine Antwort auf Ihre (leitende) Fragestellung formulieren zu können.

Um meine Fragestellung zu beantworten, muss ich:

- in Kapitel 1 „abc" beantworten (und dazu Folgendes recherchieren)
- in Kapitel 2 „xyz" beantworten (und dazu folgende Untersuchung durchführen)
- in Kapitel 3 …

---

14 Vgl. Nienhüser/Magnus 2003: 4.

> **TIPP:** Auch für die Unterfragen gilt die Maxime der **Eingrenzung**. Sie müssen nicht alle nur denkbaren Unterfragen bearbeiten, konzentrieren Sie sich auf einige wenige (interessante und durchführbare) Aspekte. Die Formulierung von Fragestellung und Unterfragen entscheidet somit letztlich auch über den Stoffumfang.

2.5   Konkretes Thema bzw. Titel festlegen

Die Fragestellung ist **nicht** das konkrete Thema – und damit **nicht** der Titel (s. o.) – Ihrer VWA. Wenn Sie Ihre Fragestellung aber konkretisiert und Unterfragen definiert haben, sollte Ihnen auch die Formulierung von Thema bzw. Titel keine Schwierigkeiten bereiten. Bei Bedarf können Sie in der fertigen Arbeit einen Untertitel zur Konkretisierung hinzufügen.

Ein gutes Thema bzw. ein guter Titel enthält:

- Hinweise zur notwenigen räumlichen, zeitlichen, sozialen, kulturellen etc. Eingrenzung (*„Zu/Über xy anhand von"*, *„Aspekte von xy"*, *„am Beispiel von xy"*)
- Hinweise zur Methode (*„Ein Vergleich von xy"*, *„Eine Befragung von xy"*)

> **BEISPIEL:** Der Weg zu Fragestellung und Thema bzw. Titel am Beispiel *„Marken"*
>
> **1) Übergeordnete Themenbereiche:**
> Klimawandel   Gesundheit/Ernährung   Medien/Kommunikation   Literatur
>
> **2) Mögliche Unterbereiche zum Themenbereich „Medien/Kommunikation":**
> Zeitungen   Werbung   Marken   PR
>
> **3) Mögliche W-Fragen zum Unterbereich „Marken"** (inkl. Überlegungen zur Methode[15]):
> - Was macht eine Marke aus? (Literaturarbeit; eventuell Expertenbefragung)
> - Was sind starke und schwache Marken und wie unterscheiden sie sich? (Literaturarbeit; Befragung; Experiment)
> - Wie stark ist das Markenbewusstsein bei Jugendlichen ausgeprägt? (Befragung) ~~Wie war das vor einigen Jahrzehnten?~~ (Befragung oder Inhaltsanalyse – beides zu umfangreich)
> - Welchen Einfluss hat(te) das Internet, Web 2.0 auf Marken? (Literaturarbeit)
> - Welche Unterschiede im Markenbewusstsein und bei der Markenpräferenz gibt es zwischen Mädchen und Jungen, bezüglich unterschiedlicher Bereiche, ~~in unterschiedlichen Ländern?~~ (Befragung – Ländervergleich aber zu umfangreich)
> - ~~Wie werden sich Marken in Zukunft entwickeln?~~ (Experte befragen? – nicht verfügbar)

---

15 Nicht geeignete (weil nicht erforschbare) W-Fragen werden gestrichen; die restlichen werden zur Formulierung der konkreten Fragestellung herangezogen.

4) Fragestellung und Unterfragen:
„Welches Markenbewusstsein haben die Jugendlichen von heute und gibt es Unterschiede zwischen Mädchen und Jungen?" (Methode: Literaturarbeit und schriftliche Befragung)
- Was genau versteht man unter einer Marke, was zeichnet eine starke Marke aus?
- Welchen Einfluss hat(te) das Internet, Web 2.0 auf die Entwicklung des Markenbewusstseins?
- Wie wichtig sind Marken für die Jugendlichen von heute?
- Gibt es Unterschiede in bestimmten Bereichen (IT/Technik, Kleidung, Ernährung)?
- Legen Mädchen und Jungen in jeweils anderen Bereichen Wert auf Marken?

5) Konkretes Thema bzw. Titel:
Das Markenbewusstsein bei Jugendlichen im Geschlechtervergleich
(Möglicher Untertitel: Eine schriftliche Befragung zu ausgewählten Markenkategorien)

BEISPIEL: Der Weg zu Fragestellung und Thema bzw. Titel am Beispiel *„Märchen"*

1) Übergeordnete Themenbereiche:
Klimawandel   Gesundheit/Ernährung   Medien/Kommunikation   Literatur

2) Mögliche Unterbereiche zum Themenbereich „Literatur":
Jugendliteratur   Märchen   fremdsprachige Literatur

3) Mögliche W-Fragen zum Unterbereich „Märchen" (inkl. Überlegungen zur Methode):
- ~~Was sind die Unterschiede zwischen europäischen und amerikanischen Märchen? (zu umfangreich)~~
- Welche Familien- und Geschwisterkonstellationen kommen in Märchen vor?
- Welche Funktion haben sprechende Tiere?
(Methode für alle Fragen: Literaturarbeit/Textinterpretation, aber bei allen Fragen Einschränkungen notwendig)

4) Fragestellung und Unterfragen:
„Entsprechen die in Grimms Märchen dargestellten Geschwisterbeziehungen den gängigen Stereotypen von Geschwisterkonstellationen („großer Bruder beschützt kleine Schwester ...')?"
(Methode: Literaturarbeit/Textinterpretation)
- Welche Formen von Geschwisterbeziehungen gibt es? (Geschwisterforschung)
- Wie werden Geschwisterbeziehungen in Grimms Märchen dargestellt?
- Wie wirkt sich die Geschwisterbeziehung auf die Handlung aus?
- Welchen Einfluss haben jeweils unterschiedliche Geschwisterkonstellationen (Bruder/Schwester, Schwestern, Brüder?)

5) Konkretes Thema bzw. Titel:
Zur Darstellung von Geschwisterbeziehungen in sechs ausgewählten Märchen der Brüder Grimm

ÜBUNGSAUFGABEN

- Legen Sie eine Ideensammlung an: Formulieren Sie unterschiedliche Themenbereiche und dazu passend jeweils drei bis fünf Unterbereiche (vgl. Kap. 2.1 und 2.2).

- Überlegen Sie sich zum interessantesten Unterbereich unterschiedliche W-Fragen sowie mögliche Methoden zu deren Beantwortung und versuchen Sie, eine konkrete Fragestellung samt Unterfragen zu formulieren (vgl. Kap. 2.3 und 2.4).

- Formulieren Sie ausgehend von Ihrer Fragestellung das Thema bzw. den Titel Ihrer Arbeit.

- Auch wenn nicht alle Schritte sofort gelingen – versuchen Sie sie bestmöglich umzusetzen und bitten Sie Ihre Betreuungsperson bei konkreten Details um Rat.

ODER KURZ GESAGT …

Am Beginn jeder wissenschaftlichen Arbeit steht eine konkrete Frage zu einem konkreten Thema. In jedem einzelnen Themenbereich stecken viele mögliche Fragestellungen, die für Ihre VWA geeignet sein können. Nehmen Sie sich für den Weg zu Ihrer Fragestellung genug Zeit und setzen Sie systematisch einen Schritt nach dem anderen.

3 Einreichung des Themas

- Was genau muss ich einreichen und wann?
- Was versteht man unter „Erwartungshorizont"?
- Kann ich Thema und Fragestellung nach der Einreichung noch ändern?

Sie müssen das Thema Ihrer VWA (das gleichzeitig der Titel ist) inkl. Erwartungshorizont **in der 7. Klasse zu Beginn des 2. Semesters** einreichen (den konkreten Termin legt die jeweilige Schule fest, Sie erfahren ihn von Ihrer Betreuungsperson). Füllen Sie dazu das entsprechende Online-Formular auf der Genehmigungsdatenbank unter https://genehmigung.ahs-vwa.at aus. Die Einreichung hat **auf Deutsch** zu erfolgen, auch wenn Sie Ihre Arbeit in einer Fremdsprache verfassen möchten (nur die Angabe des Themas ist sowohl auf Deutsch als auch in der gewählten Fremdsprache anzugeben).

Das eingereichte Thema wird Ihrer Betreuungsperson übermittelt, sie und die Schulleitung müssen es bis Ende März bewilligen und an die Schulbehörde erster Instanz, also an den Landes- oder Stadtschulrat, weiterleiten. Die Behörde muss das Thema innerhalb von drei Wochen, **spätestens bis Ende April, genehmigen**. Falls das Thema abgelehnt wird, wird eine Nachfrist für die Vorlage eines neuen Themas gesetzt.[16]

Wenn Sie sich aber, wie in Kap. 2 beschrieben, gewissenhaft mit der Themenfindung und Methodenwahl auseinandergesetzt und diese Punkte auch schon mit Ihrer Betreuungsperson abgeklärt haben, wird Ihnen die Einreichung keine Schwierigkeiten bereiten. Folgende Punkte sind anzugeben (Übersicht zum **Download** unter: facultas.at/list/9783708916842):

Betreuungsperson
Geben Sie den Namen Ihrer Betreuungsperson ein, an sie wird Ihre Einreichung übermittelt.

Thema = Titel
Das Thema bzw. der Titel Ihrer Arbeit muss aus mehr als einem Wort bestehen und darf maximal 100 Zeichen lang sein. Die von der Schulbehörde genehmigte Formulierung wird in Ihr Reifeprüfungszeugnis übernommen und ist nicht mehr veränderbar. Sie können der fertigen Arbeit aber noch einen Untertitel hinzufügen.

---

16 Vgl. Prüfungsordnung AHS 2012, BGBl. II Nr. 174/2012, §8 (2) und www.ahs-vwa.at („Einreichung unterstützen") [14.2.2018].

Inhaltliche Zuordnung

Wählen Sie einen der vorgegebenen Bereiche und fragen Sie Ihre Betreuungsperson, wenn Sie sich bei der Zuordnung unsicher sind:

- Geisteswissenschaftlicher Bereich
- Sozialwissenschaftlicher Bereich und Wirtschaftswissenschaften
- Kreativer Bereich
- Naturwissenschaftlicher Bereich, Mathematik, Informatik
- Sonstige

Sprache der Arbeit

Geben Sie an, in welcher Sprache Sie die Arbeit verfassen werden.

Erwartungshorizont

Der Erwartungshorizont ist ein wesentlicher Bestandteil der Einreichung, er definiert die Ziele Ihrer Arbeit und umfasst folgende vier Punkte, die aufeinander abgestimmt sein müssen:

- *Persönlicher Impuls und erste Basisliteratur*:
  Erklären Sie in zwei bis drei Sätzen, warum Sie Ihr Thema gewählt haben, und nennen Sie drei bis fünf Quellen, die Sie bereits recherchiert haben (Bücher, Websites, Filme etc.). Unterscheiden Sie gegebenenfalls zwischen Primärliteratur (= Texte, die der Gegenstand Ihrer Untersuchung sind, z. B. Romane, Gedichte, Märchen etc.) und Sekundärliteratur (= wissenschaftliche Texte, die bereits zu Ihrem Thema veröffentlicht wurden). Geben Sie jeweils Autorin/Autor bzw. Herausgeberin/Herausgeber, Titel /Untertitel und Erscheinungsjahr an sowie bei Online-Quellen zusätzlich die Internetadresse mit dem Datum des letzten Zugriffs (vgl. Kap. 5.3 und 5.4). Diese Literaturliste sollte die wichtigsten Quellen beinhalten, muss aber noch nicht vollständig sein.

- *Geeignete Leitfragen*:
  Welche Aspekte des Themas sind für Sie besonders interessant? Führen Sie Ihre (leitende) Fragestellung und die Unterfragen an, die Sie in Kap. 2 erarbeitet haben. Die Formulierung dieser Fragen ist nur vorläufig und kann im Verlauf der Arbeit noch angepasst bzw. konkretisiert werden.

- *Angestrebte Methode(n)*:
  Mittels welcher Methode(n) werden Sie Ihre Fragestellung untersuchen? Werden Sie ausschließlich wissenschaftliche Literatur bearbeiten oder auch eine empirische Untersuchung durchführen (Befragung, Beobachtung, Experiment, Inhaltsanalyse etc.)?

- *Ungefähre Gliederung*:
  Welche inhaltlichen Schwerpunkte werden Sie setzen und in welcher Reihenfolge werden Sie sie voraussichtlich bearbeiten?

- *Partnerinstitution (optional)*:
  Wenn Sie bei Ihrer VWA von einer bestimmten Institution unterstützt werden, nennen Sie hier deren Name und Adresse.

BEISPIEL: Einreichung einer Empiriearbeit[17]

Betreuungsperson:
Prof. Mag. Anna Paul

Thema/Titel:
Das Markenbewusstsein bei Jugendlichen im Geschlechtervergleich

Inhaltliche Zuordnung:
Sozialwissenschaftlicher Bereich und Wirtschaftswissenschaften

Sprache der Arbeit:
Deutsch

Erwartungshorizont:
Persönlicher Impuls und erste Basisliteratur:
Wir haben das Thema „Marken" schon öfter in der Klasse diskutiert und mir ist dabei aufgefallen, dass den Mädchen zum Teil andere Marken wichtig sind als den Jungen. Ich möchte daher herausfinden, wie bzw. in welchen Bereichen (Kleidung, Ernährung, Technik …) sich das Markenbewusstsein von Mädchen und Jungen unterscheidet und ob es auch Gemeinsamkeiten gibt.

- Grass, Julia: Google Umfrage. Diese Marken finden Jugendliche cool. In: Berliner Zeitung, 6.4.2017. URL: https://www.berliner-zeitung.de/digital/google-umfrage-diese-marken-finden-jugendliche-cool-26675070 [23.11.2018].
- Hellmann, Kai-Uwe: Soziologie der Marke. Frankfurt a. M.: Suhrkamp 2003.
- Scherer, Helmut (Hg.): Marken im Web 2.0. Theoretische Einordnung und empirische Erkenntnisse zur Markenkommunikation im Web 2.0 aus kommunikationswissenschaftlicher Sicht. Köln: von Halem 2012.
- Wala, Hermann H.: Meine Marke. Was Unternehmen authentisch, unverwechselbar und langfristig erfolgreich macht. 6. Aufl. München: Redline 2014.

Geeignete Leitfragen:
Ich möchte in meiner VWA das Markenbewusstsein bei Jungen und Mädchen erforschen. Meine leitende Fragestellung lautet: Welches Markenbewusstsein haben die Jugendlichen von heute und gibt es Unterschiede zwischen Mädchen und Jungen?
Meine Unterfragen dazu lauten:
- Wie hat sich das Markenbewusstsein in den letzten Jahren entwickelt und welchen Einfluss hat(te) dabei das Internet bzw. das Web 2.0?
- Wie wichtig sind Marken für die Jugendlichen von heute?
- Gibt es Unterschiede in bestimmten Bereichen (Technik, Kleidung, Ernährung) und Unterschiede zwischen Mädchen und Jungen?

---

17 Auch bei einer Empiriearbeit ist es aber immer notwendig, im theoretischen Teil die relevante wissenschaftliche Literatur zu bearbeiten (vgl. Kap. 4.1 und 4.2).

Angestrebte Methode(n):
Ich werde zunächst einen Überblick über die wissenschaftliche Literatur zum Thema „Marken"
geben und anschließend eine schriftliche Befragung von Jugendlichen an unserem Gymnasi-
um durchführen.

Ungefähre Gliederung:
1 Einleitung
2 Begriffsdefinitionen (Was ist eine Marke?)
3 Marken im Wandel (kurzer historischer Abriss, der Einfluss von Web 2.0)
4 Beispiele für starke Marken von heute (in ausgewählten Bereichen, z. B. Technik, Kleidung,
   Ernährung)
5 Schriftliche Befragung von Jugendlichen zum Thema „Markenbewusstsein"
6 Zusammenfassung

BEISPIEL: Einreichung einer reinen Literaturarbeit

Betreuungsperson:
Prof. Mag. Michael Schmidt

Thema/Titel:
Zur Darstellung von Geschwisterbeziehungen in sechs ausgewählten Märchen der Brüder Grimm

Inhaltliche Zuordnung:
Geisteswissenschaftlicher Bereich

Sprache der Arbeit:
Deutsch

Erwartungshorizont:
Persönlicher Impuls und erste Basisliteratur:
Die Märchen der Brüder Grimm kenne ich schon seit meiner Kindheit. Ich habe mich im Zuge
eines Referats schon einmal mit diesen Märchen beschäftigt und möchte mich bei meiner
VWA auf einen ganz bestimmten Aspekt konzentrieren, nämlich die Geschwisterbeziehun-
gen. Das Thema interessiert mich besonders, da ich selbst drei Geschwister habe.

– Primärliteratur:
   Grimm, Jacob/Grimm, Wilhelm: Die Kinder- und Hausmärchen der Brüder Grimm. Illus-
      triert von Werner Klemke. Weinheim: Beltz 2012.

– Sekundärliteratur:

Rölleke, Heinz: Die Märchen der Brüder Grimm. Eine Einführung. 3. Aufl. Stuttgart: Reclam 2004.

Schneider, Ulrike/Völkening, Helga/Vorpahl, Daniel (Hg.): Zwischen Ideal und Ambivalenz. Geschwisterbeziehungen in ihren soziokulturellen Kontexten. Frankfurt a. M.: PL Academic Research 2015.

Toman, Walter: Familienkonstellationen. Ihr Einfluß auf den Menschen und sein soziales Verhalten. 9. Aufl. München: C. H. Beck 2011.

Uther, Hans-Jörg: Handbuch zu den „Kinder- und Hausmärchen" der Brüder Grimm. Entstehung – Wirkung – Interpretation. 2. Aufl. Berlin: De Gruyter 2013.

Geeignete Leitfragen:

Mich interessieren vor allem die unterschiedlichen Geschwisterbeziehungen in den Märchen der Brüder Grimm. Ich möchte daher folgende Fragestellungen untersuchen:

➼ Welche Formen von Geschwisterbeziehungen kommen in den Märchen vor? (Geschwisterforschung)

➼ Wie werden Geschwisterbeziehungen dargestellt? Entsprechen Sie den gängigen Stereotypen („großer Bruder beschützt kleine Schwester")?

➼ Wie wirkt sich die Geschwisterbeziehung auf die Handlung aus?

➼ Welchen Einfluss haben jeweils unterschiedliche Geschwisterkonstellationen (Bruder/Schwester, Schwestern, Brüder)?

Angestrebte Methode(n):

Ich werde die wissenschaftliche Literatur zur Geschwisterforschung bearbeiten, einen kurzen Überblick zu den Grimm'schen Märchen geben und den Aspekt „Geschwister" mittels Textinterpretation in sechs ausgewählten Märchen untersuchen.

Ungefähre Gliederung:

1 Einleitung
2 Geschwisterforschung
3 Die Märchen der Brüder Grimm – ein Überblick
4 Vergleich der Geschwisterbeziehungen in sechs Märchen (Aschenputtel, Hänsel und Gretel, Die zwölf Brüder, Die sechs Schwäne, Die drei Federn, Frau Holle)
5 Resümee
6 Literaturverzeichnis

ÜBUNGSAUFGABE

→ Formulieren Sie alle notwendigen Punkte der Einreichung Ihres Themas. Achten Sie auch darauf, die Literatur korrekt zu zitieren (vgl. Kap. 5.3 und 5.4)!

ODER KURZ GESAGT ...

Bis zum Beginn des 2. Semesters in der 7. Klasse müssen Sie das Thema (= den Titel) Ihrer VWA einreichen. Mit dem Erwartungshorizont definieren Sie, was Sie sich von der Arbeit erwarten und welche Ziele Sie verfolgen; Quellen, Fragestellung, Methode und Gliederung müssen aufeinander abgestimmt sein.

4 Wissenschaftliches Arbeiten: Grundlagen und Methoden

- Was zeichnet wissenschaftliches Arbeiten aus?
- Wo finde ich geeignete Literatur und wie verwerte ich sie?
- Welche Möglichkeiten des empirischen Forschens gibt es?

4.1 Kriterien wissenschaftlichen Arbeitens

Eines vorweg: **Sie müssen keine Wissenschaftlerin und kein Wissenschaftler sein, um nach wissenschaftlichen Kriterien zu arbeiten.** Entscheidend für Ihre Arbeit ist, dass Sie beim Recherchieren, Forschen und Schreiben jene Methoden und Formvorschriften anwenden, die den Kriterien wissenschaftlichen Arbeitens entsprechen. Eine wissenschaftliche Vorgehensweise zeichnet sich aus durch:

Literaturanbindung und Berufung auf eine Autorität: Dass Sie die VWA eigenständig erarbeiten sollen, bedeutet nicht, dass Sie auf alles „selbst draufkommen" müssen – im Gegenteil! Ein zentrales Kriterium wissenschaftlichen Arbeitens besteht darin, auf bereits bestehendes Wissen Bezug zu nehmen. Es geht darum, die für Ihr Thema relevante, bereits veröffentlichte wissenschaftliche Literatur ausfindig zu machen, in Ihrer Argumentation daran anzuknüpfen und Ihre Aussagen in Form von Verweisen auf die verwendete Literatur zu belegen. Wissenschaftliches Argumentieren bedeutet, seine Aussagen durch Belege und Zitate anderer Autorinnen und Autoren abzusichern oder zumindest deren Meinung dazu abzubilden. Auch wenn Sie eine eigene empirische Untersuchung durchführen, müssen Sie Ihre Ergebnisse mit bereits veröffentlichten Ergebnissen vergleichen bzw. mithilfe von Literatur erklären (zur korrekten Zitierweise vgl. Kap. 5).

Ausgewogenheit der Argumente: Führen Sie nicht nur jene Literaturbelege an, die sich mit Ihrer Meinung decken, sondern auch anderslautende Meinungen und verschweigen Sie nicht absichtlich Informationen, die sich negativ auf Ihre Schlussfolgerungen auswirken (können). Es geht nicht darum, das „einzig Richtige" zweifelsfrei darzustellen und zu argumentieren, sondern durchaus Pro und Contra sowie auch Widersprüche zu diskutieren (Ausnahmen stellen z. B. die Mathematik oder Chemie dar, wo innerhalb festgelegter Parameter zweifelsfrei richtige Lösungen präsentiert werden können).

Systematik und Wiederholbarkeit: Wissenschaftliche Erkenntnisse werden durch wissenschaftliche Methoden gewonnen, das methodische Vorgehen muss geplant und organisiert sein. Die Art und Weise, wie wissenschaftliche Erkenntnisse gewonnen werden, muss wiederholbar sein.

Dokumentation und Nachvollziehbarkeit: Alle Schritte von der Fragestellung über die Methode, die einzelnen Phasen der Forschungsarbeit bis hin zur Ergebnisinterpretation müssen genau dokumentiert werden, damit sie klar nachvollziehbar und überprüfbar sind. Beachten Sie dabei die formalen Regeln und Vorschriften (z. B. Zitierregeln).

Objektivität: Formulieren Sie Ihre Aussagen und Argumentationen verständlich und glaubwürdig, aber (möglichst) frei von manipulativen Elementen. Es geht um eine objektive Darstellung, nicht um die Beeinflussung von Meinungen.

Es hängt von Ihrem Thema und Ihrer Fragestellung ab, ob Sie zu deren Bearbeitung ausschließlich auf wissenschaftliche Literatur zurückgreifen (**reine Literaturarbeit**) oder zusätzlich auch eine empirische Untersuchung wie Befragung, Beobachtung etc. (**Empiriearbeit**) durchführen. So oder so ist es in **jeder** VWA wesentlich, das Thema und die zentralen Begriffe zu erklären und zumindest ansatzweise den aktuellen Stand der Forschung zu rekonstruieren und zu diskutieren (Literaturanbindung, s. o.) – nachdem Sie Thema und Fragestellung formuliert haben, folgt also unabhängig von Ihrer gewählten Methode als nächster Schritt eine systematische **Literaturrecherche**.

BEISPIEL: Literaturanbindung

Für das Beispiel *„Das Markenbewusstsein bei Jugendlichen im Geschlechtervergleich"* ist eine empirische Untersuchung (Befragung) geplant. Zuerst müssen Sie aber mittels Literaturarbeit klären, was in der Wissenschaft unter *„Marke"* bzw. *„Markenbewusstsein"* verstanden wird, und nach ähnlichen Studien oder geeigneter Literatur suchen, mit deren Hilfe Sie Ihre Forschungsergebnisse interpretieren können.

Das Beispiel *„Zur Darstellung von Geschwisterbeziehungen in sechs ausgewählten Märchen der Brüder Grimm"* soll ausschließlich mithilfe von wissenschaftlicher Literatur bearbeitet werden. Hier geht es darum, den Begriff *„Geschwisterbeziehungen"* zu klären (bzw. verwandte Begriffe wie *„Geschwisterkonstellation"*, *„-forschung"*) und geeignete Literatur zu finden, um die Märchen im Hinblick auf Ihre Fragestellung interpretieren zu können.

4.2   Arbeit mit wissenschaftlicher Literatur

Die Verwendung von wissenschaftlichen Quellen ist ein wesentliches Merkmal für die Qualität der eigenen Argumentation. **Unbewiesene Behauptungen sind nicht Zeichen kritischen Denkens, sondern ungenauen Arbeitens.** Es gibt viele verschiedene Quellen, die wissenschaftliche Inhalte haben können: Lehr- und Fachbücher, Aufsätze in Sammelbänden und Zeitschriften, statistisches Material, Diplomarbeiten, Dissertationen, Interviews, Geschäftsberichte, Dokumente im Internet uvm.

Im Zeitalter von Internet und elektronischen Bibliothekskatalogen können Sie rasch und relativ einfach viel Information zu einem Thema herantragen. Beachten Sie aber, dass nicht jede Literatur, die Sie zu Ihrem Thema finden, auch wissenschaftlich und seriös ist – vor allem nicht, wenn Sie für Ihre

Recherche nur Internet-Suchmaschinen heranziehen.[18] Grundsätzlich muss jede Literatur **einwandfrei nachvollzogen** werden können, damit sie auch zitierfähig ist. Sie müssen identifizieren können,

wer (Autorin/Autor bzw. Herausgeberin/Herausgeber)

wo (Verlagsname/-ort oder URL)   das Werk veröffentlicht hat.

wann (Erscheinungsjahr bzw. -datum)

Sie finden diese Informationen üblicherweise im **Impressum** („Herkunftsangabe"), bei Büchern meist auf Seite 4 im Inneren des Buches, bei seriösen Websites (auch denjenigen von Zeitungen) unter dem Link „Impressum". Fehlen diese Angaben, ist die Literatur also nicht einwandfrei nachvollziehbar und ihre wissenschaftliche Seriosität nicht kontrollierbar, dann spricht man von **Grauer Literatur**. In Einzelfällen kann ein Zitat aus Grauer Literatur z. B. zur Ergänzung verwendet werden, jedoch niemals zur Untermauerung Ihrer wissenschaftlichen Argumentation. Klären Sie eine etwaige Verwendung von Grauer Literatur jedenfalls mit Ihrer Betreuungsperson.

Weitere Indizien für die Wissenschaftlichkeit:
- Anerkannte Autorinnen/Autoren bzw. Herausgeberinnen/Herausgeber (die Person scheint z. B. auf der Website einer Universität oder einer anderen wissenschaftlichen Institution auf)
- Anknüpfung an bereits veröffentlichte wissenschaftliche Literatur, d. h. ausführliche Quellenangaben, umfangreiches Literaturverzeichnis (vgl. Kap. 5)
- Korrekte Zitierweise (vgl. Kap. 5)
- Wissenschaftlichkeit in der Argumentation (vgl. gleich oben, Kap. 4.1)
- Wissenschaftlich durchgeführte Empirie (vgl. Kap. 4.3)

> **TIPP: Abbildungen oder Grafiken** können Sie zu Illustrationszwecken auch aus Grauer Literatur wie Broschüren oder von diversen Websites entnehmen. Auch wenn die Quelle nicht wissenschaftlicher Natur ist, müssen Sie sie aber trotzdem korrekt angeben (vgl. Kap. 5).

4.2.1 Wo Sie wissenschaftliche Literatur finden

Suchmaschinen im WWW
Die Online-Recherche mithilfe von Google und Co. liefert eine Fülle an Informationen und Literatur, die aber nicht immer wissenschaftlich ist. Nutzen Sie diese Suchmaschinen daher **für einen ersten Überblick**, verwenden Sie insbesondere einschlägige wissenschaftliche Suchmaschinen wie Google Scholar (scholar.google.de) und konzentrieren Sie sich in der Folge auf die Recherche in elektronischen Bibliothekskatalogen (s. u.).

Wikipedia
Wikipedia (wikipedia.de) hat sich zu einer umfangreichen Online-Enzyklopädie entwickelt und ist grundsätzlich als Recherche-Instrument auch beim (vor-)wissenschaftlichen Arbeiten geeignet. Da der Inhalt aber nicht wie bei gebundenen Enzyklopädien von anerkannten Verlagen auf seine Qua-

---

18 Zur Beurteilung von Online-Quellen vgl. Saferinternet.at 2015.

lität hin geprüft, sondern durch die Web-Community befüllt wird, dient Wikipedia zwar als gute Orientierung, darf jedoch **nicht als wissenschaftliche Quelle** herangezogen werden. Das bedeutet, dass Sie nicht direkt aus Wikipedia zitieren dürfen, sondern die entsprechenden Originalquellen recherchieren müssen.

Elektronische Bibliothekskataloge

Die meisten großen Bibliotheken bieten ihre Kataloge online an, Sie können die Recherche daher ganz bequem und unkompliziert durchführen und benötigen dazu auch keinen Benutzerausweis. Wir empfehlen insbesondere die Online-Kataloge einer der österreichischen **Universitätsbibliotheken** (z. B. Wien: usearch.univie.ac.at, Salzburg: ubsearch.sbg.ac.at, Klagenfurt: search.obvsg.at/UKL etc.) oder den **Österreichischen Bibliothekenverbund** (obvsg.at), in dem alle wissenschaftlichen Bibliotheken Österreichs erfasst sind.

In den meisten Fällen können Sie Bücher gratis entweder vor Ort benutzen oder entlehnen und benötigen dafür nur einen Benutzerausweis (informieren Sie sich online über die jeweiligen Benutzungsbedingungen).

Literaturverzeichnisse

Relevante Bücher bzw. Artikel, die Sie bereits gefunden haben, bieten in ihren Literaturverzeichnissen nützliche Hinweise zur weiteren Recherche.

Betreuungsperson

Bedenken Sie, dass Sie mit der VWA Ihre Fähigkeit zum selbstständigen Arbeiten unter Beweis stellen sollen. Ihre Betreuungsperson kann Ihnen hilfreiche Tipps geben, aber nicht die gesamte Recherche für Sie übernehmen.

4.2.2 Wie Sie bei der Recherche vorgehen

Das Mittel der Wahl, um themenrelevante Literatur zu finden, ist die **Schlagwortsuche.** Verwenden Sie die Schlagwörter und Begriffe, die Sie im Rahmen Ihrer Themenfindung notiert haben (vgl. Kap. 2), und geben Sie diese in die Schlagwortkataloge der Bibliotheken ein. Verwenden Sie sowohl allgemeine als auch spezielle Begriffe, probieren Sie unterschiedliche Kombinationen von zwei oder mehreren Schlagwörtern aus, benützen Sie Fremdwörter und Synonyme (bedeutungsgleiche Wörter). Ein Klick auf den Buchtitel liefert detaillierte bibliographische Informationen (Untertitel, Verlag, Umfang etc.) und meist sind auch Inhaltsverzeichnis, Klappentext oder Abstract online verfügbar. All diese Informationen können Ihnen Aufschluss darüber geben, ob das betreffende Werk für Sie relevant ist.

TIPP: Benutzen Sie bei der Schlagwortsuche **unterschiedliche grammatische Formen** desselben Wortes. Geben Sie beispielsweise ein Adjektiv einmal in deklinierter Form ein (*„erfolgreiche Marke"*) und einmal in undeklinierter Form (*„erfolgreich Marke"*) oder ein Substantiv einmal im Singular (*„Marke"*) und einmal im Plural (*„Marken"*) – die Suchergebnisse unterscheiden sich mitunter erheblich voneinander.

BEISPIEL: Schlagwortsuche

Für das Beispiel *„Das Markenbewusstsein bei Jugendlichen im Geschlechtervergleich"* liefert die Suche nach dem Schlagwort *„Marke"* eine allgemeine Einführung in die „Soziologie der Marke", die für die Einbindung des Themas in den wissenschaftlichen Diskurs relevant sein könnte. Unter dem Reiter „Details" gibt es auch einen Link zum Inhaltsverzeichnis.

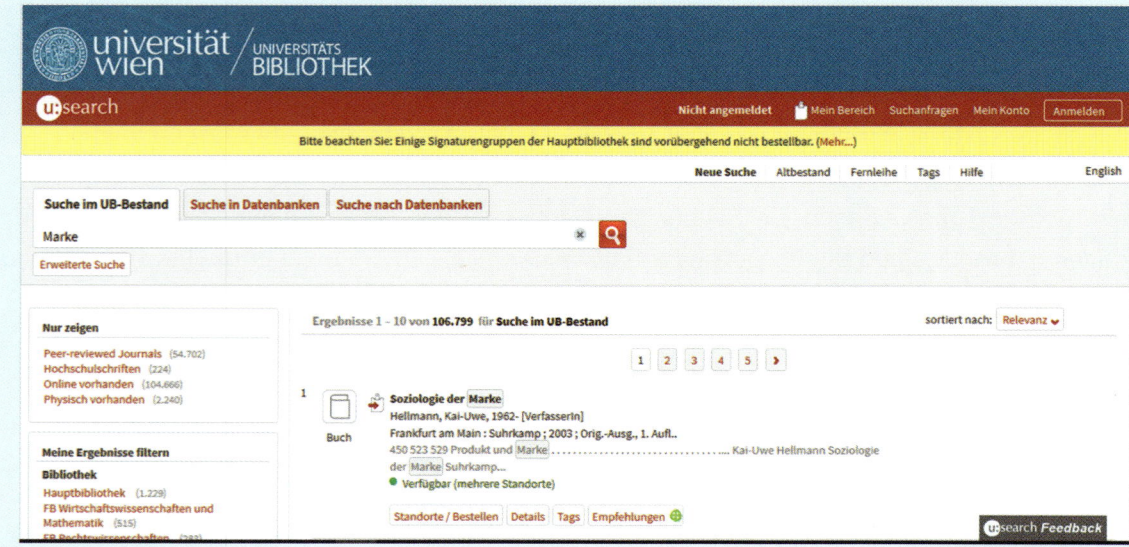

Abbildung 2: Schlagwortsuche *„Marke"* im Online-Katalog der Universitätsbibliothek Wien (Quelle: https://usearch.univie.ac.at [10.1.2018])

Weitere Schlagwörter zu diesem Beispiel könnten sein: *„Marke Web 2.0", „Markenbewusstsein", „Marke Jugendliche", „Marke Geschlechter", „erfolgreich(e)/stark(e) Marke"* etc.

4.2.3 Wie Sie wissenschaftliche Literatur lesen und verwerten

Die technischen Möglichkeiten der Literatursuche helfen zwar, ein hohes Ausmaß an Quantität zu erreichen, gleichzeitig besteht dadurch aber die Gefahr, unter dem verfügbaren Berg von Literatur „zu ersticken". Es ist daher ratsam, gefundene Literatur sofort **zu klassifizieren** und – noch bevor Sie die Bücher tatsächlich gelesen haben – **auszuwählen**. Entscheiden Sie sich für die Werke, die folgende Kriterien erfüllen:

- *Wissenschaftlichkeit:* Es steht einwandfrei fest, dass es sich um ein wissenschaftliches Werk handelt (s.o.). (Falls es das nicht tut, überlegen Sie, ob Sie das Buch ausleihen oder kaufen können, um das Inhalts- und Literaturverzeichnis einzusehen, falls die Verzeichnisse online nicht zur Verfügung stehen.)
- *Themenrelevanz:* Das Werk hat aufgrund seines Titels, Inhaltsverzeichnisses, Klappentextes unmittelbar mit Ihrem Thema zu tun und es ist zu erwarten, dass es aufschlussreiche Informationen zu Ihrer Fragestellung enthält.
- *Verfügbarkeit:* Das Werk steht Ihnen ohne großen Aufwand zur Verfügung (Kauf, Bestellmöglichkeit in einer Bibliothek oder online verfügbar).
- *Aktualität:* Wählen Sie bei zwei ähnlichen Werken das aktuellere mit dem jüngeren Erscheinungsdatum.

Damit haben Sie eine Liste mit ausgewählten Büchern, Artikeln etc., die Sie in einer Bibliothek einsehen bzw. entlehnen oder käuflich erwerben können oder die online verfügbar sind. **Wie viele Werke** Sie insgesamt bearbeiten müssen, ist übrigens formal nicht vorgegeben, sondern hängt von Ihrem Thema und der Qualität Ihrer Quellen ab.[19]

Nun geht es darum, möglichst schnell und effizient die für Ihr Thema (besonders) relevanten Texte, Kapitel und Passagen **herauszufiltern** (bzw. umgekehrt auch jene, die entgegen Ihrer ersten Einschätzung doch nicht von Nutzen für Sie sind) und anschließend **auszuwerten**. Wir empfehlen dabei folgende Vorgehensweise und Lesestrategien:

1. Überfliegen Sie den Text zunächst grob und halten Sie nach Schlüsselbegriffen Ausschau, die auf Ihr Thema abgestimmt sind („Scanning"). Bearbeiten Sie in der Folge nur Texte, die diese Schlüsselbegriffe enthalten.

2. Um in einem nächsten Schritt einen **Überblick** zu gewinnen, lesen Sie die Kapitel- und Zwischenüberschriften, Einleitung und Resümee sowie einzelne Absätze („Skimming").

3. Wählen Sie diejenigen Texte aus, die für Ihr Thema am relevantesten sind, und fertigen Sie **Kopien bzw. Ausdrucke** an, um besser damit arbeiten zu können (auch vom Titelblatt und Impressum, um das Werk später korrekt zitieren zu können).

4. Lesen Sie diese Texte **konzentriert** durch. Markieren Sie wichtige Textstellen, notieren Sie zentrale Aspekte und eigene Anmerkungen, überlegen Sie auch bereits, für welche Kapitel Ihrer Arbeit sie die jeweiligen Textstellen verwenden können.

5. Erstellen Sie ein **Exzerpt** der Texte mit folgenden Angaben bzw. Inhalten:

- Bibliographische Daten (Autorin/Autor, Titel, Ort, Verlag, Jahr, Seitenzahl bei Artikeln)
- Zusammenfassung der Aspekte, die für Ihr Thema relevant sind (in eigenen Worten und möglichst in ganzen Sätzen)
- Wichtige direkte Zitate, die Sie in Ihrer VWA verwenden könnten (inkl. Seitenangabe)
- Verbindung zu anderen bereits gelesenen Texten (Sind die Inhalte ähnlich? Werden Argumente weiterentwickelt oder Gegenargumente angeführt? etc.)

> **TIPP:** Das Lesen von wissenschaftlichen Texten verlangt **volle Konzentration** und kann – gerade für Anfängerinnen und Anfänger – anstrengend und herausfordernd sein. Lassen Sie sich nicht entmutigen, wenn Sie manches nicht sofort verstehen oder nur langsam vorankommen. Nehmen Sie sich jeweils nicht zu lange Textabschnitte vor, vermeiden Sie Ablenkungen jeglicher Art (Handy, Internet etc.) und machen Sie öfter eine kurze Pause. Je mehr Texte Sie bearbeitet haben, desto leichter wird es Ihnen fallen.

---

19 Mehr als ein Werk muss es aber sein: „Dafür ist erforderlich, dass unterschiedliche Informationsquellen unter sachgerechter Nutzung […] zielführende Aufschlüsse über den Themenbereich zulassen" (Prüfungsordnung AHS 2012, BGBl. II Nr. 174/2012, §8 (1)).

4.3 Empirische Untersuchung (von Claus Braunecker)

Wenn Sie zur Beantwortung Ihrer Fragestellung bzw. Unterfragen eine empirische Untersuchung durchführen möchten, können Sie damit auf eindrucksvolle Art Ihre Eigenständigkeit unter Beweis stellen und spannendes Material für Ihre VWA generieren. Bei einer VWA werden naturgemäß geringere Anforderungen gestellt als später an Universität oder FH, Sie können also mit kleineren Datenmengen und weniger exakten Stichproben arbeiten. Die wichtigsten wissenschaftlichen Regeln müssen Sie aber einhalten, nämlich Ihre Ergebnisse strukturiert und nachvollziehbar erheben, um (zumindest einigermaßen) verallgemeinerbare Antworten zu erhalten. **Wichtig ist, dass Sie immer genau und transparent dokumentieren, wie Sie vorgehen!**[20]

4.3.1 Thema und empirische Detailfragen

Empirisch forschen bedeutet (vereinfacht), dass etwas durch Befragung, Beobachtung, Experiment, Inhaltsanalyse etc. (wiederholbar) nachweisbar gemacht wird: Wenn Sie etwa den Zusammenhang zwischen Markenbewusstsein und Preisbereitschaft empirisch untersuchen, wird der Zusammenhang *„je höher das Markenbewusstsein, desto höher die Bereitschaft, mehr für Markenprodukte zu bezahlen"* wiederholt offenkundig zutage treten.

Empirisch forschen können Sie erst dann, wenn Sie genau wissen, *was* Sie erforschen wollen. Zu Ihrem Thema haben Sie bereits eine (leitende) Fragestellung und mögliche Unterfragen definiert (vgl. Kap. 2). Nun geht es darum, diese Fragen zu präzisieren und sie als ganz **konkrete empirische Detailfragen** so zu formulieren, dass Sie sie mit Ihrer Erhebung auch beantworten bzw. prüfen können. Diese Fragen formulieren die genauen Details, die untersucht werden sollen; von ihnen hängt die Methode ab.

> **BEISPIEL:** Die Fragestellung *„Welches Markenbewusstsein haben die Jugendlichen von heute?"* und die Unterfragen *„Wie wichtig sind Marken für Jugendliche? Gibt es Unterschiede in bestimmten Bereichen bzw. zwischen Mädchen und Jungen?"* könnten Sie in Form folgender empirischer Detailfragen präzisieren: *„Welche Marke bevorzugen Jugendliche bei Kleidung?"*, *„Welche Marke bevorzugen Jugendliche bei technischen Geräten?"*, *„Wie wichtig ist Jugendlichen die Marke beim Kauf von Kleidung?"*, *„Wie wichtig ist Jugendlichen die Marke beim Kauf von technischen Geräten?"*, *„Wie wichtig ist Markenkleidung für Mädchen?"*, *„Wie wichtig ist Markenkleidung für Jungen?"*, *„Aus welchen Gründen kaufen Mädchen Markenkleidung?"* etc.

4.3.2 Die passende empirische Methode

Aufgrund Ihrer (klar und eindeutig formulierten!) empirischen Detailfragen entscheiden Sie, wie Sie am besten zu (passgenauen!) Ergebnissen bzw. Antworten gelangen. Dazu bieten sich verschiedene Methoden an.

---

20 Für detailliertere Ausführungen vgl. Braunecker 2016. Erklärende PowerPoint-Folien gibt es auf der Website zum Buch unter www.howtodo.at/folien [8.1.2018].

Qualitative oder quantitative Erhebung

Empirische Detailfragen können nach qualitativen oder quantitativen Antworten verlangen. Auch Mischformen sind möglich. Bei **qualitativer Forschung** suchen Sie nach verbalen Antworten auf Fragen wie z. B. *„Was macht ideale Kleidung aus?"*. Sie erfassen also völlig offen, was Sie „gesagt bekommen". **Quantitative Forschung** hingegen zielt auf das Erheben von Zahlen ab. Angenommen eine Ihrer Detailfragen lautet: *„Welche Relevanz haben Speicherplatz, Marke und Farbe von Tablets für Schülerinnen und Schüler der Unter- und Oberstufe?"* Dann geben Sie diese drei Eigenschaften vor und lassen deren Wichtigkeit in Schulnotenform von Personen in Ober- und Unterstufe bewerten. In Abhängigkeit von Ihren empirischen Detailfragen entscheiden Sie sich für eine der gängigsten empirischen Methoden: Befragung, Beobachtung, Experiment oder Inhaltsanalyse.

✳ Befragung

Befragungen kommen in der empirischen Forschung wohl am häufigsten zum Einsatz. Sie finden persönlich, telefonisch, schriftlich oder online mittels **Fragebogen** statt.

Rein **qualitative Fragebögen** enthalten überwiegend offene Fragen, z. B.: *„Welche Marke schätzt Du bei Tablets ganz besonders und warum? ___"*. Bei persönlichen Interviews wird hier die genaue Formulierung und Reihenfolge der Fragen meist der interviewenden Person überlassen. Die Antworten werden in ihrem genauen Wortlaut erfasst. Bei der Auswertung versuchen Sie, bedeutungsmäßig idente oder ähnliche Angaben zusammenzufassen und für diese Antwortgruppen möglichst treffende Überbegriffe zu finden (vgl. Auswertung einer Befragung in Kap. 4.3.4).

Ganz anders bei **quantitativen Fragebögen:** Hier sind alle Fragen vorformuliert und besitzen eine festgelegte Reihenfolge. Wenn Sie fragen *„Wie wichtig ist für Dich beim Kauf von Kleidung die Marke? – sehr wichtig | eher wichtig | egal | weniger wichtig | gar nicht wichtig"*, zählen Sie, welche Antwort wie oft gegeben wurde, oder errechnen einen (Schulnoten-)Mittelwert (vgl. Kap. 4.3.4).

In der Praxis werden oft Fragebogen-Mischformen eingesetzt, die quantitative *und* qualitative Fragen beinhalten.

Die **wichtigsten Regeln der Fragebogengestaltung** lauten:

- Starten Sie jeden Fragebogen unbedingt mit einer kurzen Einleitung zur Begrüßung und Erklärung, worum es geht und wie lange die Beantwortung dauert.
- Formulieren Sie die Fragen klar, strukturieren Sie sie thematisch, ohne Gedankensprünge.
- Bringen Sie gestalterisch oder von den Fragen her Abwechslung in den Fragebogen, damit sich Ihre Befragten nicht langweilen und die Umfrage abbrechen.
- Sprachliche Regeln:
  - einfache, alltägliche Sprache, kein Dialekt, keine Fremdwörter
  - kurze Sätze
  - „richtige", wirkliche Fragen stellen (nicht: *„Diese Handy-Marke … gefällt mir | gefällt mir nicht"* ► besser: *„Wie gefällt Dir diese Handy-Marke?"*)
  - eindeutige Fragen formulieren (nicht: *„Wie beurteilst Du Farbe und Marke dieses Sportschuhs?"* ► richtig: *„Wie beurteilst Du die Farbe dieses Sportschuhs? Und wie die Marke?"*)
  - genaue Angaben bei Beurteilungen (richtig: *„Wie sehr treffen die folgenden Aussagen Deiner Meinung nach auf diese Marke zu? Urteile bitte von 1 bis 5, wobei 1 bedeutet: ‚trifft voll zu' und 5: ‚trifft gar nicht zu'. Dazwischen kannst Du abstufen."*)

- überschneidungsfreie Antwortvorgaben (nicht: *„Wie alt bist Du? Ordne Dich einer Altersgruppe zu: 10 bis 14 | 14 bis 19"* ► richtig: *„10 bis 14 | 15 bis 19"*)
- eindeutiger zeitlicher und „erinnerbarer" Bezugsrahmen (nicht: *„Wie oft kaufst Du Sportbekleidung?"* ► besser: *„Wie oft hast Du in den vergangenen vier Wochen Sportbekleidung gekauft?"*)
- keine (doppelten) Verneinungen

► Stellen Sie heikle Fragen und Fragen zur Sozialstatistik (z. B. Geschlecht, Alter, Schulstufe etc.) besser erst gegen Ende.

► Vergessen Sie nicht, Ihren Fragebogen mit einem kurzen Abschluss-Statement zu beenden.

BEISPIEL: Fragebogen (Auszug)

Liebe Mitschülerin, lieber Mitschüler,
im Rahmen meiner VWA führe ich eine Umfrage durch, die sich mit dem Markenbewusstsein von Jungen und Mädchen beschäftigt. Bitte nimm Dir 5 Minuten Zeit und beantworte meine Fragen. Du hilfst mir damit sehr. Alles, was du antwortest, ist völlig anonym. Herzlichen Dank!

1 Was ist Dir bei Kleidung, die Du täglich trägst, besonders wichtig?

2 Wie wichtig sind Dir die folgenden Eigenschaften für Kleidung? *Urteile bitte auf einer Skala von 1 bis 5, wobei 1 bedeutet "ist sehr wichtig für mich" und 5 "ist völlig unwichtig". Dazwischen kannst Du abstufen.*

	sehr wichtig	völlig unwichtig		sehr wichtig	völlig unwichtig
Wichtig ist für Kleidung …	bekannte Marke ① ② ③ ④ ⑤			guter Preis ① ② ③ ④ ⑤	
	hochwertig ① ② ③ ④ ⑤			unempfindlich ① ② ③ ④ ⑤	

[usw.]

3 Und wie ist das bei technischen Produkten – z.B. Computer, Fernseher, Tablet, Handy: Was ist hier für Dich besonders wichtig?

4 Wie wichtig sind Dir die folgenden Eigenschaften für technische Produkte … **[usw.]**

Abschließend bitte ich Dich noch um ein paar Angaben zu Deiner Person: Klasse, die Du besuchst: |__|__|

Dein Geschlecht: weiblich ☐₁   männlich ☐₂   Dein Alter: |__|__|

Herzlichen Dank für Deine Zeit!

Wenn Sie sich für eine Online-Befragung entscheiden, sind z. B. umfrageonline.com, unipark.de oder surveymonkey.de praktische Tools, die auch die Ergebnisauswertung übernehmen.

✳ Beobachtung

Bei einer Beobachtung erfassen Sie Handlungen oder Verhaltensweisen anderer. Wissenschaftlich ist eine Beobachtung dann, wenn es genaue Pläne gibt, was genau wann und wo beobachtet und protokolliert wird. Deshalb gibt es einen Beobachtungsbogen, der das klar festlegt. Sonst fällt ja jedem Menschen, der beobachtet, etwas Anderes auf.

BEISPIEL: Beobachtungsbogen (Auszug)

Wenn Sie etwa der Frage nachgehen *„Tragen Schülerinnen und Schüler der Oberstufe meiner Schule andere Arten von Schultaschen als in der Unterstufe?"*, könnten Sie z. B. an ausgewählten Tagen vor ausgewählten Klassen (vgl. Kap. 4.3.3) Beobachtungen mit folgendem (auszugsweisen) Beobachtungsbogen durchführen:

Beobachtungsbogen für die Schule <meine Schule>

Nur an den festgelegten Tagen vor den festgelegten Standorten (= Klassen) vor 8:00 Uhr ausfüllen!
Personen beobachten, die den Raum betreten.   BeobachterIn: |_____|

Nr	Standort	Datum	Uhrzeit	Geschlecht	Schultaschenart	[usw.]
01	1A	24.04.	07:35	männlich	Schultasche	
02	1A	24.04.	07:36	weiblich	Rucksack	
03	5A	24.04.	07:45	männlich	Schultertasche	
04	1A	24.04.	07:46	weiblich	Schultertasche	
05	5C	24.04.	07:46	männlich	Mappe	
06	5C	24.04.	07:47	weiblich	Rucksack	
[usw.]						

* Experiment

Sozialwissenschaftliche Experimente ergründen Kausalzusammenhänge: Sie gehen der Frage nach, ob und wie stark ein zu erforschender „Reiz" (z. B. eine bestimmte Farbe, ein Bild o. Ä.) für die Veränderung eines Verhaltens oder einer Einstellung bei Menschen verantwortlich ist. Eine Versuchsgruppe wird mit dem zu erforschenden Reiz konfrontiert, eine Kontrollgruppe nicht. Danach wird verglichen, ob sich die beiden Gruppen im Verhalten oder ihrer Meinung voneinander unterscheiden. Wer zur Versuchs- und wer zur Kontrollgruppe zählt, entscheidet der Zufall.

Bei einem naturwissenschaftlichen Experiment wird ebenfalls ein Kausalzusammenhang erforscht, nämlich inwiefern die gezielte Änderung einer unabhängigen Variablen (z. B. Temperatur) auf eine abhängige Variable (z. B. Wasser) Einfluss hat (das Ergebnis in diesem Fall: Hitze bringt das Wasser zum Kochen, Kälte lässt es gefrieren).[21]

BEISPIEL: Sie schreiben eine VWA über Sportschuhe und wollen untersuchen, ob Sportschuhe bei Schülerinnen und Schülern weniger begehrt sind, wenn ihre Farbe wenig auffällt. Dazu könnten Sie folgendes Experiment aufsetzen: Sie suchen in Ihrer Schule (vgl. Kap. 4.3.3) 50 freiwillige Mitschülerinnen und Mitschüler. Die 50 Personen teilen Sie zufällig in eine Versuchs- und eine Kontrollgruppe (zu je 25). Die Kontrollgruppe bekommt das Bild von unauffälligen, „farblosen" Sportschuhen gezeigt, gefolgt von der Frage: *„Wie gerne hättest Du diese Sportschuhe? – sehr gern | eher gern | unentschieden | weniger gern | gar nicht gern."* Der Versuchsgruppe zeigen Sie das idente Bild derselben Sportschuhe, mit einer einzigen Variation: Diese Schuhe sind sehr farbenfroh und grell gestaltet. Danach stellen Sie der Versuchsgruppe dieselbe Frage und vergleichen die Ergebnisse.

* Inhaltsanalyse

Inhaltsanalysen untersuchen textliche Aussagen oder bildhafte Darstellungen in Zeitungen, Büchern, Radio- und Fernsehsendungen, Filmen, Social Media, auf Websites, Plakaten usw. Dabei wird zum einen das Auftreten von vorab genau definierten (!) Inhalten (quantitativ) gezählt und/oder zum anderen werden diese Inhalte auch (qualitativ) bewertet. Ein wichtiges Element jeder Inhaltsanalyse ist das Codierschema. Dort definieren Sie im Detail, was Ihre Analyseinhalte sind.

---

21 Für ausführlichere Informationen zum naturwissenschaftlichen Experiment vgl. Reich 2017.

BEISPIEL: Codierschema (Auszug, fiktiv)

Wenn Sie z.B. erforschen, wie oft und in welchem Zusammenhang die VWA in der österreichischen Tagespresse thematisiert wird, könnten Sie alle Ausgaben mehrerer von Ihnen definierter Tageszeitungen, die in einem bestimmten Zeitraum von z.B. vier Wochen erschienen sind, inhaltsanalytisch, Seite für Seite, durcharbeiten: Wie oft kommt das Wort „VWA" bzw. „Vorwissenschaftliche Arbeit" vor (Sie zählen quantitativ) und wird darüber jeweils positiv, neutral oder negativ berichtet (Sie bewerten qualitativ)?

Codierschema für das Vorkommen von VWA (Vorwissenschaftliche Arbeit)					
Zeitung	**Datum**	**Seite**	**Wortlaut**	**Zusammenhang**	**[usw.]**
Kurier	24.04.	5	VWA	positiv	
Standard	25.04.	3	Vorwissenschaftliche Arbeit	neutral	
Krone	26.04.	8	Vorwissenschaftliche Arbeit	negativ	
Presse	26.04.	12	VWA	positiv	
[usw.]					

4.3.3 Grundgesamtheit, Vollerhebung, Stichprobe

Wenn Sie nicht sorgfältig überlegen, bei *wem* oder *wo* Sie etwas herausfinden wollen, erheben Sie nicht richtig! Die **Grundgesamtheit** (in der Statistik mit „N" abgekürzt), also die Menge aller Ihrer Untersuchungseinheiten, müssen Sie genau definieren bzw. eingrenzen: Eine gute Definition einer Grundgesamtheit für eine VWA wäre z.B. bei einer Befragung oder Beobachtung *„alle Schülerinnen und Schüler meiner Schule"* (oder noch präziser: *„der Oberstufe meiner Schule"*) oder bei einer Inhaltsanalyse *„alle Artikel, die in den vier Zeitungen a, b, c und d im Zeitraum von __ bis __ erschienen sind"*.

Nur wenn Sie diese Festlegung exakt treffen, können Sie später sagen, für wen bzw. wofür Ihre Ergebnisse gelten. Nur weil z.B. in Ihrer Schule die Hälfte der Jugendlichen Markenkleidung tragen, können Sie davon nicht darauf schließen, dass das **in ganz Österreich** der Fall ist.

Haben Sie die Grundgesamtheit definiert, können Sie entscheiden, ob Sie eine **Totalerhebung** durchführen und alle Untersuchungseinheiten in die Erhebung miteinbeziehen (also z.B. alle Schülerinnen und Schüler Ihrer Schule bzw. alle Zeitungsartikel). Wenn Sie das schaffen: perfekt!

Weil die Grundgesamtheit jedoch für eine Totalerhebung meist zu groß ist, ziehen Sie eine Stichprobe (in der Statistik mit „n" abgekürzt). Das können Sie im Idealfall **zufällig** tun: Wenn Ihre Grundgesamtheit alle Schülerinnen und Schüler Ihrer Schule sind, stellen Sie sich z.B. jeden Tag in der großen Pause an einen anderen Platz und befragen z.B. jede zehnte Person, die an Ihnen vorbeigeht. Das machen Sie so lange, bis Sie 50 Personen befragt haben. Wichtig dabei ist, dass nicht Sie selbst entscheiden, wen Sie ansprechen, sondern dass Sie wirklich immer jede zehnte Person Ihrer Grundgesamtheit ansprechen. Oder Sie wählen zufällig ein paar Klassen aus, in denen Sie dann alle befragen.

Zweite Möglichkeit: Sie definieren **Kriterien**, nach denen Sie die befragten Personen auswählen. Sie legen z. B. fest, dass Ihre Befragten je zur Hälfte weiblich und männlich sind und je zur Hälfte aus der Unter- und Oberstufe stammen. Hier wählen *Sie* selbst die Personen aus, nicht der Zufall.

Dritte Variante: Sie programmieren ein **Online-Formular** und streuen den Link breit über die sozialen Medien.

Die zufällige Variante ist die beste, die beiden anderen sind aber einfacher und für eine VWA in der Regel ausreichend. Wichtig ist nur, dass Sie auf keine großen Gruppen Ihrer Grundgesamtheit „vergessen" (und z. B. nur Jungen, aber keine Mädchen befragen). **Persönlich** sollten Sie mindestens **50 bis 60 Personen** befragen, online **100 Personen**.

> **TIPP:** Definieren Sie die Grundgesamtheit nicht zu breit: Wenn Sie z. B. als Grundgesamtheit alle Schülerinnen und Schüler Ihres Bundeslandes festlegen, werden Sie diese Personen wohl kaum befragen können – auch nicht in Form einer Stichprobe.

4.3.4 Daten erfassen, auswerten, interpretieren

Nach dem Erheben geht es ans Auswerten. Dabei gehen Sie je nach der Methode, die Sie eingesetzt haben, (ein bisschen) anders vor.

✳ Auswertung einer Befragung

Bevor Sie mit der **Datenerfassung** beginnen, müssen Sie noch überprüfen, ob Ihnen „genug" Daten vorliegen: Hat die Vollerhebung wirklich alle erhoben bzw. verzeichnet Ihre Stichprobe einen Rücklauf, in dem keine wichtigen Gruppen von Befragten fehlen? Sonst sind Ihre Ergebnisse nicht gut interpretierbar und Sie müssen noch weitere Personen befragen.

Wenn Sie nicht online befragt haben (in dem Fall erfolgt die Auswertung sehr oft durch die Erhebungssoftware), arbeiten Sie am besten mit Excel.[22] Die folgende Darstellung zeigt beispielhaft, wie man Daten erfasst (Zeile 1–12) und auswertet (Zeile 13–19) – Sie müssen dazu nur die angeführten Formeln anpassen. Bei der **Auswertung** zählen Sie am besten die erhaltenen Antworten (absolut oder in Prozent) oder berechnen Mittelwerte.[23]

Antworten auf **offene Fragen** tippen Sie bei schriftlichen Befragungen genau ab, persönliche Interviews nehmen Sie am besten zuerst (mit dem Handy) als Audiodatei auf. Beim Erfassen geben Sie die Antworten 1:1 im Wortlaut ein (**= Transkription**). Danach gehen Sie so vor, wie im folgenden Beispiel (Zeile 21–23) beschrieben:

---

22 Zur Auswertung mit Excel inkl. der nötigen Formeln vgl. das Video-Tutorial unter
    https://www.youtube.com/watch?v=CMG-wL9MFzY [14.2.2018].
23 Achten Sie bei der Auswertung darauf, ob jede befragte Person bei jeder Frage eine Angabe gemacht hat.
    Wenn Angaben fehlen, verringern diese sogenannten „Missings" den Divisor für die Mittelwertsberechnung!

BEISPIEL: Auswertung Befragung (Auszug)

	A	B	C	D	E	F	G	H	I	J	K
1	Fragebogen_Nr	Datum	Uhrzeit_Start	Was_ist_dir_bei_Bekleidung_besonders_wichtig	Bekleidung_Marke	Bekleidung_hochwertig	[usw.]	Geschlecht	Schulstufe	Klasse	[usw.]
2	1	27.04.	07:45	von einer Marke schadet nie, und auch leistbar	1	1		m	1	A	
3	2	27.04.	07:50	eine gute, bekannte Marke, und angenehm zu tragen	1	2		w	2	A	
4	3	27.04.	07:52	nicht zu kratzig vom Material her, und preisgünstig sollte sie sein	4	3		m	3	B	
5	4	27.04.	10:26	nicht zu teuer, trotzdem aber nicht markenlos	3	1		m	1	C	
6	5	27.04.	10:32	kein Massenprodukt, und angenehm zu tragen	1	1		w	5	A	
7	6	28.04.	07:40	muss gut aussehen	2	2		w	7	B	
8	7	28.04.	07:47	muss mir einfach gefallen, sonst nix, mehr kann ich nicht sagen		2		w	8	B	
9	8	28.04.	07:55	keine Ahnung	2	3		w	5	C	
10	9	28.04.	10:30	leicht zu waschen sollte sie sein, und cool ausschauen	3	2		m	6	A	
11	10	29.04.	10:26	ist mir egal		2		m	8	B	
12	usw.										
13				Anzahl Note 1: =ZÄHLENWENN(E2:E11;1)	3	3					
14				Anzahl weiblich: =ZÄHLENWENN(H2:H11;"w")				5			
15				Prozent weiblich: =H14/ANZAHL2(H2:H11)*100				50,0			
16			Beispiele für Auswertungen:	Anzahl Oberstufe: =ZÄHLENWENN(I2:I11;>4)					6		
17				Mittelwert gesamt: =MITTELWERT(E2:E11)	2,1	1,9					
18				Mittelwert weiblich: =MITTELWERTWENN(H2:H11;"w";E2:E11)	1,5	2,0					
19				Mittelwert männlich: =MITTELWERTWENN(H2:H11;"m";E2:E11)	2,8	1,8					
20											
21	**Auswertung offener Fragen** (Spalte D): **1.** Bildung von Antwortgruppen, **2.** Zuordnung der Antworten zu den Gruppen, **3.** Zählen										
22	der Häufigkeiten.										
23	**Ergebnis im Beispiel:** Marke (3) | Aussehen (3) | Tragekomfort (3) | Preis (3) | andere Nennungen (2) | ohne Angabe, egal (2)										

✳ **Auswertung einer Beobachtung**

Erfassen Sie die Angaben auf Ihrem Beobachtungsbogen wie im obigen Auswertungsbeispiel am besten tabellarisch strukturiert in Excel. Jede einzelne Beobachtung erhält eine eigene Zeile, in der ersten Zeile jeder Spalte steht das erfasste Beobachtungsdetail.

BEISPIEL: Auswertung Beobachtungsbogen

Die Inhalte des beispielhaften Beobachtungsbogens in Kap. 4.3.2 könnten Sie in den Spalten mit der Überschrift | *Beobachtungsnr* | *Standort* | *Datum* | *Uhrzeit* | *Geschlecht* | *Schultaschenart* | usw. erfassen. Jede Schülerin und jeder Schüler wird dann in einer eigenen Zeile erfasst.

Bei der **Auswertung** zählen Sie am besten wieder die Einträge (absolut oder in Prozent) über die angeführten Excel-Formeln oder unterscheiden mit ZÄHLENWENN, z. B. zwischen Schulklassen bzw. Standorten (vgl. das Auswertungsbeispiel zur Befragung bzw. Fußnote 22). Enthält die Beobachtung qualitative Elemente, gehen Sie wie bei offenen Fragen vor (Gruppen bilden, zuordnen, dann erst zählen).

✳ **Auswertung eines Experiments**

Ist das Experiment als Befragung angelegt, werten Sie auch dementsprechend aus. Führen Sie beim Experiment Beobachtungen durch, richten Sie sich nach den dafür angeführten Auswertungsgrundsätzen.

✳ Auswertung einer Inhaltsanalyse

Auch Codebögen von Inhaltsanalysen erfassen Sie am besten in Excel. Auch hier werden quantitative Elemente gezählt und qualitative wie Antworten auf offene Fragen gruppiert zugeordnet und dann erst gezählt.

BEISPIEL: Auswertung Codierschema

Die Details des beispielhaften Codierschemas in Kapitel 4.3.2 könnten Sie in den Spalten | Zeitung | Datum | Seite | Wortlaut | Zusammenhang | usw. erfassen. Jeder einzelne Artikel wird anschließend in einer eigenen Zeile erfasst.

Darstellung und Interpretation von Ergebnissen

Ergebnisse sollten Sie möglichst **prägnant** formulieren und **übersichtlich** in Diagrammform veranschaulichen. Excel bietet dazu einfache Möglichkeiten. Wichtig ist, dass Ihr Diagramm den genauen Text der Frage und Angaben darüber enthält, was dargestellt wird: Wie viele haben Sie befragt („Grundgesamtheit N = …" bzw. „Stichprobengröße n = …"), was genau haben Sie beobachtet, inhaltsanalytisch analysiert, sind Absolut-Zahlen, Prozentwerte oder Mittelwerte dargestellt?

Stellen Sie bei der abschließenden Ergebnisinterpretation einen Zusammenhang zwischen den Daten, Ihren empirischen Detailfragen und Ihrer (leitenden) Fragestellung her und vergessen Sie nicht auf die **Literaturanbindung** (vgl. Kap. 4.1); greifen Sie zur Erklärung Ihrer Daten auf bereits veröffentlichte ähnliche Ergebnisse zurück und vergleichen Sie sie mit diesen.

BEISPIEL: Ergebnisdarstellung und -interpretation (Auszug)

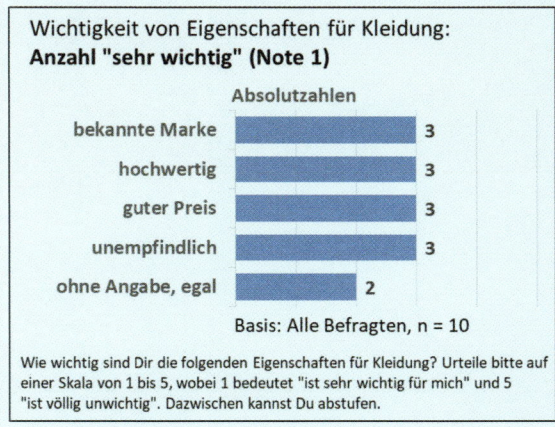

Abb. x: Kriterien für Kleidung

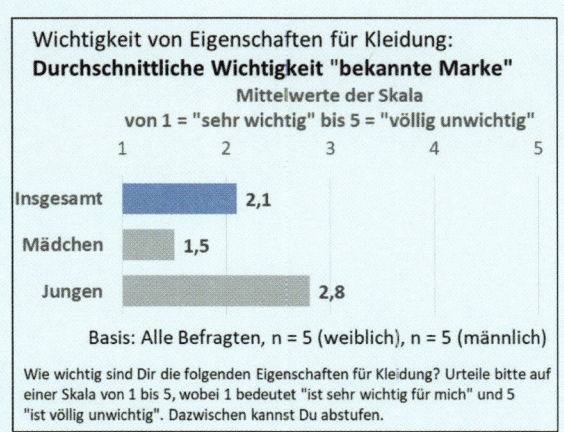

Abb. y: Kriterium „bekannte Marke"

Kriterien, die für Kleidung als besonders wichtig erachtet werden, sind gleichermaßen „bekannte Marke", „hochwertig", „guter Preis" und „unempfindlich". Nur ein Fünftel der Befragten steht diesem Thema gleichgültig gegenüber. Vergleicht man die Meinung von Mädchen und Jungen, zeigt sich, dass eine bekannte Marke insgesamt moderate Wichtigkeit besitzt (Mittelwert von 2,1 auf einer 5-stufigen Skala), für Mädchen (1,5) aber deutlich relevanter ist als für Jungen (2,8).

ÜBUNGSAUFGABEN

- Führen Sie eine Schlagwortsuche zu Ihrem Thema durch, probieren Sie unterschiedliche Begriffe und Begriffskombinationen und notieren Sie die Quellen, die wissenschaftlich, relevant und für Sie verfügbar sind (vgl. Kap. 4.2).

- Versuchen Sie ein erstes Exzerpt zu verfassen, nehmen Sie sich dafür einen kurzen Text(abschnitt) vor (vgl. Kap. 4.2.3).

- Wenn Sie eine empirische Untersuchung durchführen möchten, formulieren Sie konkrete empirische Detailfragen, überlegen Sie, welche Methode sich am besten eignet, und definieren Sie Grundgesamtheit und Stichprobe (vgl. Kap. 4.3).

ODER KURZ GESAGT …

Auch für eine VWA gelten die Kriterien wissenschaftlichen Arbeitens. Unabhängig davon, welches Thema und welche Methode Sie gewählt haben, ist die Anbindung an bereits bestehende wissenschaftliche Literatur in Form von Zitaten oder Verweisen essentiell.

Wissenschaftliche Literatur: Achten Sie auf die Wissenschaftlichkeit, Themenrelevanz, Verfügbarkeit und Aktualität der Quellen und verfassen Sie Exzerpte der bearbeiteten Texte.

Empirische Untersuchung: Wählen Sie eine Methode, die zu Ihren empirischen Detailfragen passt, führen Sie eine strukturierte, nachvollziehbare Erhebung durch und achten Sie auf die lückenlose Dokumentation Ihrer Forschung.

5 Zitation und Quellenangabe

- Was muss ich zitieren und was nicht?
- Wie zitiere ich richtig?
- Welche Werke kommen ins Literaturverzeichnis?

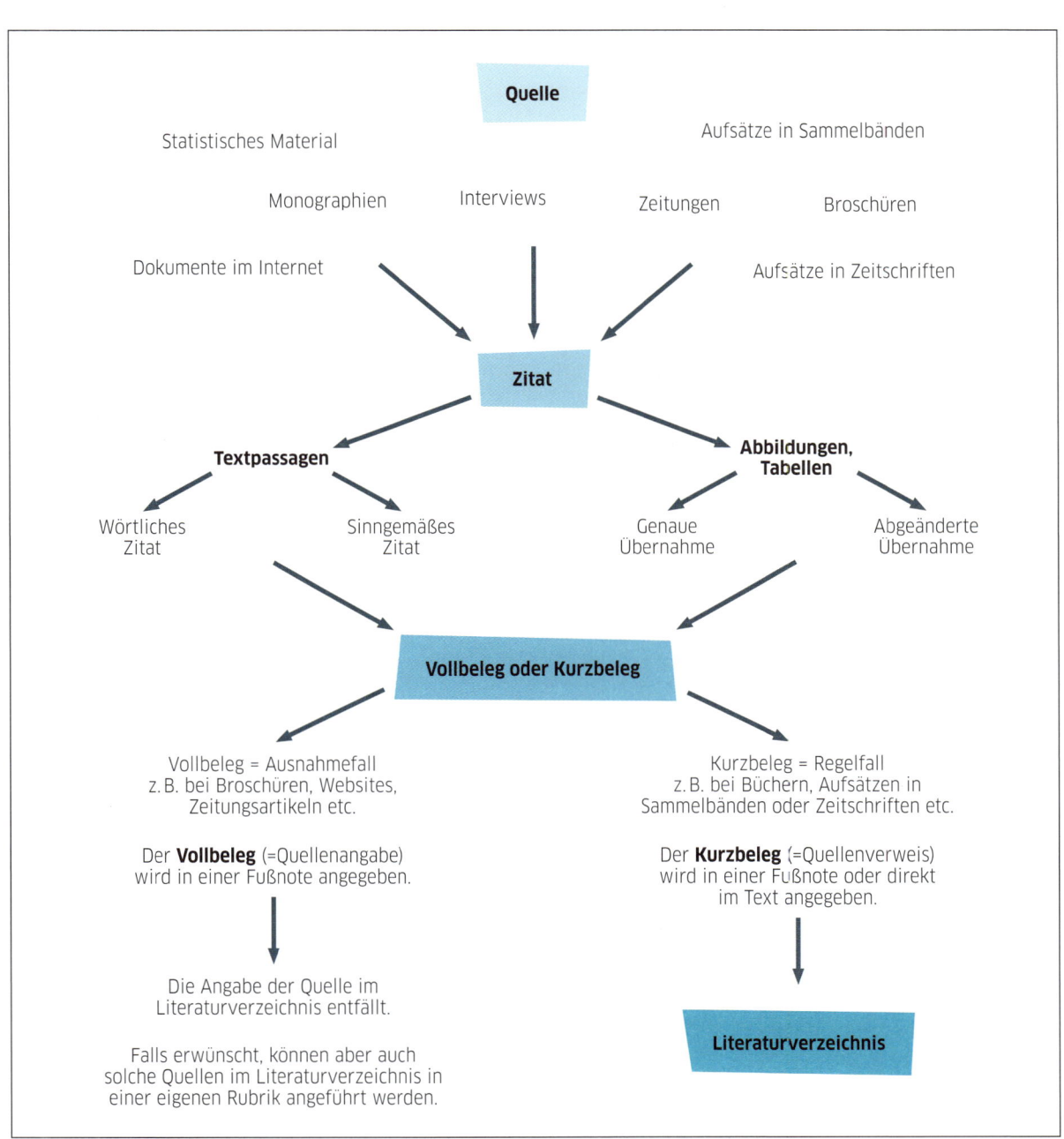

Abbildung 3: Systematisches Zitieren von Quellen (Quelle: Rainer Ribing 1999; zum **Download** unter: facultas.at/list/9783708916842)

5.1   Zitat

Zitieren bedeutet, fremdes Gedankengut wiederzugeben. Einwandfreies Zitieren ist Ausdruck wissenschaftlicher Sorgfalt, d. h., **jedes Zitat** muss überprüfbar und einwandfrei nachvollziehbar sein. Übernommenes fremdes Gedankengut ist in jedem Fall – egal ob als wörtliches (direktes) oder sinngemäßes (indirektes) Zitat – als solches kenntlich zu machen. Eigene Standpunkte und jene von anderen Autorinnen und Autoren müssen also jeweils erkennbar sein.

Wenn Texte aus anderen Publikationen übernommen, aber nicht belegt werden, dann handelt es sich um geistigen Diebstahl, um ein sogenanntes **Plagiat**. Dabei ist zu beachten, dass ein Plagiat nicht nur ein wörtliches Zitat ohne Anführungszeichen ist, sondern auch ein sinngemäßes (indirektes) Zitat, das den Anschein erweckt, es sei aus eigenen Erkenntnissen entstanden. Zur Plagiatskontrolle gibt es entsprechende Programme im Internet und auch Ihre VWA wird nach dem Hochladen einer elektronischen Plagiatsprüfung unterzogen. Führen Sie daher alle verwendeten Quellen sorgfältig und gewissenhaft an!

> TIPP: Auch wenn Sie in einem Text Wörter durch Synonyme (bedeutungsgleiche Wörter) austauschen bzw. Satzstellungen oder die Reihenfolge von Sätzen ändern, handelt es sich um ein sinngemäßes (indirektes) Zitat, dessen Quelle Sie angeben müssen.

Es gilt die Prämisse: **Abschreiben ist erlaubt – jedoch muss genau und redlich zitiert werden!** Wissenschaftlich ist es, **einzelne Passagen** wörtlich oder sinngemäß zu zitieren, die Quelle anzugeben und das Werk im Literaturverzeichnis einzufügen.

Nicht wissenschaftlich ist es hingegen, ganze Abschnitte oder gar Kapitel abzuschreiben, auch wenn die Quelle angegeben wird. Und ebenso wie das fehlende Ausschöpfen von Literatur (Unterzitieren) ist das Überfrachten mit – vielleicht sogar unnötigen – Zitaten (Überzitieren) eine inadäquate Zitierweise.[24] Zitate sollen **das Wesentliche auf den Punkt bringen**, aber nicht dazu dienen, der Arbeit die nötige Seitenzahl zu verschaffen.

Nicht zitieren müssen Sie Tatsachen und Begriffe, die als generelles und fachliches Allgemeinwissen gelten, somit gemeinhin dem „State of the Art" entsprechen und in allen relevanten Fachbüchern zu finden sind; und auch allgemein bekannte Tatsachen müssen nicht belegt werden.

Schlussendlich ist **jedes Zitat** daraufhin zu **überprüfen**, ob es – aus dem Zusammenhang gerissen – noch den von der Autorin bzw. dem Autor ursprünglich intendierten Sinn behält. Achten Sie vor allem darauf, dass Sie der Autorin bzw. dem Autor keine Gedanken unterstellen, die nicht einwandfrei aus dem Zitat hervorgehen.

> TIPP: Es gibt mehrere korrekte Zitierweisen. Fragen Sie daher Ihre Betreuungsperson nach schulinternen Vorgaben oder folgen Sie den hier beschriebenen Richtlinien. Entscheiden Sie sich aber unbedingt für eine Form und verwenden Sie diese durchgehend.

---

24   Vgl. Bänsch/Alewell 2013: 11f.

✳ Wörtliche (direkte) Zitate

Bei einem wörtlichen (direkten) Zitat werden die Ausführungen der Autorin bzw. des Autors direkt (d.h. wortwörtlich) übernommen. Sie sind nur dann gerechtfertigt, wenn sonst zwangsläufig Sinnverluste eintreten würden[25] oder wenn der Gedanke besonders prägnant bzw. originell formuliert wurde.[26] Wörtliche Zitate erfordern grundsätzlich **buchstäbliche Genauigkeit**. Auch wenn Sie nur ein Wort ändern (etwa ein Verb), handelt es sich um kein wörtliches Zitat mehr.

Wörtliche Zitate sollten **kurz** sein, im Allgemeinen nicht länger als zwei bis vier Sätze. Ein zu langes Zitat hat (außer bei der Interpretation von Quellen wie z. B. literarischen Werken) wenig Sinn. Führen Sie längere Zitate nur dann an, wenn es unvermeidlich ist.

Wörtliche Zitate beginnen und enden mit einem **doppelten Anführungszeichen** („…"). Doppelte Anführungszeichen im Originaltext werden durch einfache Anführungszeichen („… ‚…' …") ersetzt. Längere wörtliche Zitate ab drei Zeilen werden eingerückt und engzeilig geschrieben (vgl. Kap. 6.2.3).

Auslassungen innerhalb des wörtlichen Zitats

Jede Auslassung, auch eines Einzelwortes, wird durch drei Punkte in eckigen Klammern angezeigt [...].

BEISPIEL

… so führt Festl in der Einleitung ihres Buches über Cybermobbing an:

> „Neben der erwarteten sozialen Einflüsse und Mechanismen im Kontext von Cybermobbing dürfen auch gewisse medienspezifische Charakteristika des Phänomens nicht außer Acht gelassen werden. […] Als Beispiele wären hier Spezifika neuer Technologien wie die gesteigerte Anonymität oder die dauerhafte Erreichbarkeit von Personen zu nennen."[2]

Medien spielen also bei Cybermobbing eine tragende Rolle …

----

[2] Festl 2015: 21.

Druckfehler im Original

Druckfehler sind nicht auszubessern, sondern sollten durch ein Ausrufezeichen in eckiger Klammer **[!]** oder durch **[sic!]** (lat. = „wirklich so!") gekennzeichnet werden.

BEISPIEL

„Wissenschaftliches Arbeiten ist dann wiesenschaftlich **[!]**, wenn …"

Hervorhebungen im Original

Hervorhebungen im zitierten Text wie Kursiv oder Fettdruck sowie Unterstreichungen werden grundsätzlich übernommen, eigene Hervorhebungen in einem wörtlichen Zitat sind zu vermeiden.

---

25 Vgl. Bänsch/Alewell 2013: 12.
26 Vgl. Lück/Henke 2009: 68.

Eigene Ergänzungen

Wenn Sie Ergänzungen im wörtlichen Zitat vornehmen, dann kennzeichnen Sie diese innerhalb einer eckigen Klammer mit dem Hinweis **[d. Verf.]** (= die Verfasserin bzw. der Verfasser). Ergänzungen sind vor allem dann angebracht, wenn das Zitat aus dem Zusammenhang gerissen wird.

> **BEISPIEL** (fiktiv)
>
> „Damit [mit der Reflexion institutioneller Voraussetzungen, d. Verf.] ist auch die Notwendigkeit der Integration …"

Fremdsprachige Zitate

Weltweit wird Englisch im wissenschaftlichen Bereich für fremdsprachige Quellen akzeptiert. Sie können eine englische Quelle also im Original zitieren. Ist der Text in einer anderen Fremdsprache geschrieben und gibt es dazu keine Übersetzung, können Sie entweder selbst übersetzen oder die relevanten Passagen übersetzen lassen. Die Übersetzerin bzw. der Übersetzer muss in diesem Fall angegeben werden (entweder in einer Fußnote zum entsprechenden Zitat oder in Form eines pauschalen Dankes im Vorwort).

Sekundärzitate

Sekundärzitate („zitierte Zitate") sind prinzipiell zu vermeiden. Wenn Sie also in einem Text A ein direktes Zitat aus einem anderen Text B finden, das Sie verwenden möchten, sollten Sie Text B ausfindig machen und direkt daraus zitieren. Wenn das aber nicht möglich ist (z. B. weil Text B vergriffen ist), übernehmen Sie das Zitat aus Text A und führen Sie Text A mit dem Zusatz **zit. nach** als Sekundärquelle an.

Kurzbeleg

Nachname Originalautorin/-autor Jahr: Seite (zit. nach: Nachname Autorin/Autor der Sekundärquelle Jahr: Seite).

> **BEISPIEL** (fiktiv)
>
> [15] Müller 1998: 120 (zit. nach: Bauer 2013: 22).

Literaturverzeichnis

Nachname, Vorname Originalautorin/-autor: Titel. Untertitel. Ort: Verlag Jahr, zit. nach: Nachname, Vorname Autorin/Autor der Sekundärquelle: Titel. Untertitel. Ort: Verlag Jahr.

> **BEISPIEL** (fiktiv)
>
> Müller, Marianne: Regeln der Organisation. Eine Analyse. Berlin: Berlin-Verlag 1998, zit. nach: Bauer, Michael: Organisationsentwicklung. Eine Einführung. Wien: Wien-Verlag 2013.

＊ Sinngemäße (indirekte) Zitate

Sinngemäße (indirekte) Zitate sind eher die Regel. Sie übernehmen dabei Gedanken von anderen Autorinnen bzw. Autoren in freier Übertragung, d.h., Sie schreiben in eigenen Worten das, was jemand anders gesagt oder herausgefunden hat, und betten diesen Aspekt passend in Ihre Arbeit ein. Wichtig ist, dass Sie **nicht** nur ein Zitat nach dem anderen **kommentarlos** aneinanderreihen, sondern dass Sie sich auch kritisch damit auseinandersetzen und erklären, was das für Ihre Arbeit in Ihrem eigenen gedanklichen Zusammenhang bedeutet.

Indirekte Zitate werden – auch wenn Sie länger sind – **nicht eingerückt**, sie beginnen und enden **ohne Anführungszeichen**, der Umfang (Anfang und Ende des Zitats) muss aber eindeutig erkennbar sein. Zur Kennzeichnung eines indirekten Zitates wird in der Regel der Zusatz **Vgl.** verwendet.

BEISPIEL

Dass eine Auseinandersetzung mit dem Thema Marken derzeit aktuell ist, lässt sich mit der Attraktivität von Marken, der Entwicklung von Methoden für den erfolgreichen Markenaufbau und die Markenpflege, der Bedeutung immaterieller Markenwerte sowie dem Erfolg von Marken begründen.[2] Der erste Aspekt bezieht sich auf …

---

[2] Vgl. Schmidt 2015: 4.

Erstreckt sich die Textpassage in der Quelle, die Sie zitieren, über **zwei Seiten**, dann nennen Sie die erste Seite und ergänzen Sie den Zusatz **f.**; erstreckt sich die Passage über **mehrere Folgeseiten**, verwenden Sie den Zusatz **ff**. Alternativ können Sie die erste und letzte Seite der zitierten Passage angeben.

BEISPIEL

[5] Vgl. Schmidt 2015: 12ff. **ODER:** Vgl. Schmidt 2015: 12–15.

＊ Übernahme von Abbildungen

Wie Textzitate werden auch Abbildungen wie Grafiken oder Tabellen direkt (genaue Übernahme) oder indirekt (abgeänderte Übernahme) zitiert. Bei direkten Zitaten scannen Sie die Grafik entweder ein, kopieren diese in die fertige Arbeit oder Sie erstellen sie selbst (Ihre Kopie muss dem Original aber genau gleichen). Im Zweifelsfall gehen Sie von einer abgeänderten Übernahme aus (vgl. Abb. 5).

5.2 Kennzeichnung von Zitaten

Zitate werden entweder mittels Vollbeleg (= Quellenangabe) oder Kurzbeleg (= Quellenverweis) gekennzeichnet. Es gilt jedoch immer: **Jedes Zitat muss unmissverständlich und eindeutig seiner Quelle zuordenbar sein!**

Bei einem **Vollbeleg** wird die vollständige Quellenbezeichnung angegeben, und zwar am besten in einer Fußnote. Diese Form wird nur in bestimmten Fällen verwendet, insbesondere bei Grauer Literatur wie Internetquellen und bei Artikeln ohne Verfasserin bzw. Verfasser (vgl. Kap. 5.4 und 5.5). Klären Sie diese Vorgehensweise jedenfalls mit Ihrer Betreuungsperson.

Der **Kurzbeleg** ist aus Platzgründen und aus Gründen der **Ü**bersichtlichkeit die Regel in wissenschaftlichen Arbeiten. Er enthält gerade die Information, die notwendig ist, um zur vollständigen Quellenbezeichnung (also zum Vollbeleg) im Literaturverzeichnis zu verweisen. Die verweisende Kennziffer ist hierbei das Veröffentlichungsjahr. Die genaue Seitenangabe im Kurzbeleg führt direkt zu der relevanten Passage in der Quelle.

Grundsätzlich ist zu entscheiden, ob der Kurzbeleg im **Text** (angloamerikanische Zitierweise bzw. Harvard-Methode; Textzitation) oder in einer **Fußnote** (deutsche Zitierweise; Fußnotenzitation) angeführt wird. Bei der **Textzitation** wird der Verweis in runder Klammer hinter dem Zitat angeführt oder – sofern Sie die Autorin bzw. den Autor explizit in Ihrem Text erwähnen – in verkürzter Form direkt hinter dem Namen (vgl. Abb. 4).

Bei der **Fußnotenzitation** wird ein Fußnotenzeichen gesetzt, und zwar an folgender Stelle:
- nach dem Wort, wenn sich der Kurzbeleg auf das **Wort** bezieht,
- am Ende eines Gliedsatzes nach dem Beistrich, wenn sich der Kurzbeleg auf den **Gliedsatz** bezieht,
- am Ende eines Satzes nach dem Punkt, wenn sich der Kurzbeleg auf den **Satz** bezieht,
- am Ende eines Absatzes nach dem Punkt des letzten Satzes, wenn sich der Kurzbeleg auf den **Absatz** bezieht,
- am Ende des überleitenden Satzes bzw. am Ende der Beschriftung der Abbildung bzw. Tabelle, wenn sich der Kurzbeleg auf eine **Abbildung** bezieht.

> **TIPP:** Beachten Sie: Jede Fußnote beginnt mit einem Großbuchstaben und endet mit einem Punkt.

Für die Angabe des Kurzbelegs gibt es mehrere **formale Möglichkeiten**. Beachten Sie in jedem Fall:
- Kurzbelege bei wörtlichen Zitaten **ohne** das Kürzel Vgl., bei sinngemäßen Zitaten **mit** dem Kürzel Vgl. (das Kürzel kann entfallen, wenn Sie den Autorennamen explizit im Text erwähnen und den Beleg direkt hinter dem Namen anführen, s. o. bzw. Abb. 4)
- mehrere Autorinnen bzw. Autoren werden durch Schrägstrich getrennt
- eine Fußnotenzitation endet mit abschließendem Punkt

Wir empfehlen folgende Möglichkeiten. Entscheiden Sie sich für eine dieser Formen und behalten Sie diese während Ihrer gesamten Arbeit bei:

(Vgl.) Nachname 1(/Nachname 2) Jahreszahl: Seitenangabe(.)   (Vgl.) Wagner/Gebel 2014: 4(.)
Oder:
(Vgl.) Nachname 1(/Nachname 2), Jahreszahl, Seitenangabe(.)   (Vgl.) Wagner/Gebel, 2014, S. 4(.)

Wenn Sie einen **Aufsatz aus einem Sammelband** zitieren,[27] führen Sie im Kurzbeleg immer die **Autorin bzw. den Autor des Aufsatzes** an und nicht etwa die Herausgeberin bzw. den Herausgeber des Sammelbandes. Zitieren Sie aus **Aufsätzen in Fachjournalen und Zeitschriften**, verweisen Sie ebenfalls auf die **Autorin bzw. den Autor des jeweiligen Aufsatzes** (zur genauen Anführung dieser Werke im Literaturverzeichnis vgl. Kap. 5.3).

Kurzbeleg in Fußnote	Kurzbeleg im Text
Wörtliche (direkte) Zitate von Textpassagen belegen	
Jedes Zitat muss überprüfbar und einwandfrei nachvollziehbar sein. Eco hat dazu treffend formuliert: „Zitieren ist wie in einem Prozeß etwas unter Beweis stellen."[2] Demnach ist einwandfreies Zitieren Ausdruck wissenschaftlicher Sorgfalt … ———————— [2] Eco 2010: 204.	Jedes Zitat muss überprüfbar und einwandfrei nachvollziehbar sein. Eco hat dazu treffend formuliert: „Zitieren ist wie in einem Prozeß etwas unter Beweis stellen." (Eco 2010: 204) Demnach ist einwandfreies Zitieren Ausdruck wissenschaftlicher Sorgfalt …
Sinngemäße (indirekte) Zitate von Textpassagen belegen	
Jedes Zitat muss überprüfbar und einwandfrei nachvollziehbar sein. Dieses Vorgehen kann mit der Beweisführung in einem Prozess verglichen werden.[2] Einwandfreies Zitieren ist auch Ausdruck wissenschaftlicher Sorgfalt … ———————— [2] Vgl. Eco 2010: 204.	Jedes Zitat muss überprüfbar und einwandfrei nachvollziehbar sein. Dieses Vorgehen kann mit der Beweisführung in einem Prozess verglichen werden (vgl. Eco 2010: 204). Einwandfreies Zitieren ist auch Ausdruck wissenschaftlicher Sorgfalt … *Oder explizite Erwähnung des Autorennamens mit Angabe von Jahreszahl + Seite direkt dahinter:* Jedes Zitat muss überprüfbar und einwandfrei nachvollziehbar sein. Eco (2010: 204) hat ein solches Vorgehen mit der Beweisführung in einem Prozess verglichen. Einwandfreies Zitieren ist auch Ausdruck wissenschaftlicher Sorgfalt …

Abbildung 4: Kurzbelege von Textpassagen im Vergleich

Kurzbeleg in Fußnote	Kurzbeleg im Text
Genaue Übernahme von Abbildungen	
Am Ende des letzten Satzes vor der Abbildung, wenn er sich auf diese bezieht: Die Funktionen der Jugendsprache können folgendermaßen eingeteilt werden:[20] [Darstellung der Abbildung] Abbildung 3: Funktionen der Jugendsprache ———————— [20] Abbildung aus: Michaelis 2014: 29.	*Direkt im Text nach dem Hinweis auf die Abbildung:* Wie nachfolgende Grafik (Michaelis 2014: 29) zeigt, kann Jugendsprache folgende Funktionen erfüllen: [Darstellung der Abbildung] Abbildung 3: Funktionen der Jugendsprache
Oder am Ende der Abbildungsbeschriftung: Die Funktionen der Jugendsprache können folgendermaßen eingeteilt werden: [Darstellung der Abbildung] Abbildung 3: Funktionen der Jugendsprache[20] ———————— [20] Abbildung aus: Michaelis 2014: 29.	*Oder am Ende der Abbildungsbeschriftung:* Die Funktionen der Jugendsprache können folgendermaßen eingeteilt werden: [Darstellung der Abbildung] Abbildung 3: Funktionen der Jugendsprache (Quelle: Michaelis 2014: 29)

———————————————————

27 Man erkennt Sammelbände daran, dass am Buchcover nicht alle Autorinnen bzw. Autoren, sondern Herausgeberin bzw. Herausgeber (Hg.) angeführt sind.

Abgeänderte Übernahme von Abbildungen	
Am Ende des letzten Satzes vor der Abbildung, wenn er sich auf diese bezieht: Die Funktionen der Jugendsprache können folgendermaßen eingeteilt werden:[20] [Darstellung der Abbildung] Abbildung 3: Funktionen der Jugendsprache ———————————— [20] Vgl. Abbildung aus: Michaelis 2014: 29.	*Direkt im Text nach dem Hinweis auf die Abbildung:* Wie nachfolgende Grafik (vgl. Michaelis 2014: 29) zeigt, kann Jugendsprache folgende Funktionen erfüllen: [Darstellung der Abbildung] Abbildung 3: Funktionen der Jugendsprache
Oder am Ende der Abbildungsbeschriftung: Die Funktionen der Jugendsprache können folgendermaßen eingeteilt werden: [Darstellung der Abbildung] Abbildung 3: Funktionen der Jugendsprache[20] ———————————— [20] Vgl. Abbildung aus: Michaelis 2014: 29.	*Oder am Ende der Abbildungsbeschriftung:* Die Funktionen der Jugendsprache können folgendermaßen eingeteilt werden: [Darstellung der Abbildung] Abbildung 3: Funktionen der Jugendsprache (Quelle: Vgl. Michaelis 2014: 29)

Abbildung 5: Kurzbelege von Abbildungen im Vergleich

Wenn eine **Kopie** der Abbildung nicht von Ihnen, sondern **von jemand anderem erstellt** wurde (egal ob genau oder abgeändert), geben Sie dessen Namen an, und zwar entweder in der Abbildung selbst („Grafik erstellt von Sandra Mayer") oder in der Fußnote. Achten Sie darauf, dass **Erstellerin bzw. Ersteller** (Mayer) nicht mit **Urheberin bzw. Urheber** (Michaelis) verwechselt werden kann.

> **BEISPIEL**
>
> [20] (Vgl.) Abbildung aus: Michaelis 2014: 29, Grafik erstellt von Sandra Mayer.

5.3 Literaturverzeichnis

Das Literaturverzeichnis enthält prinzipiell alle verwendeten Publikationen, also Monographien, Sammelbände, Zeitschriften, im Internet veröffentlichte Artikel etc. Es sind generell **nur Werke** anzugeben, **die auch im Text zitiert werden**. Versuchen Sie nicht, das Verzeichnis dadurch kompetenter wirken zu lassen, indem Sie Werke anführen, die Sie gar nicht gelesen haben. Sämtliche Veröffentlichungen werden **in alphabetischer Reihenfolge** nach dem Nachnamen von Autorin bzw. Autor geordnet bzw. bei einem Autorenteam nach dem erstgenannten Nachnamen. Mehrere Veröffentlichungen einer Autorin bzw. eines Autors aus unterschiedlichen Jahren werden in chronologisch aufsteigender Reihenfolge angeführt (das älteste Werk zuerst).[28] Geben Sie immer den **vollen Namen** der Autorinnen und Autoren und den **vollständigen Titel** samt etwaigem **Untertitel** an. Die Angabe des **Verlages** ist bei deutschen Publikationen zwar nicht verpflichtend, wir führen sie in den folgenden Beispielen aus Gründen der Vollständigkeit aber an.

Alle Angaben, die Sie zur Erstellung eines vollständigen Literaturverzeichnisses benötigen, finden Sie im **Impressum** (bei Büchern meist auf S. 4, bei seriösen Websites unter dem entsprechenden Link).

---

28 Zur Angabe von mehreren Veröffentlichungen einer Autorin bzw. eines Autors innerhalb eines Jahres vgl. Kap. 5.5.

✳ Monographien, (Lehr-)Bücher

Monographien sind wissenschaftliche Werke von einer Autorin bzw. einem Autor (oder einem Autorenteam) zu einem bestimmten Thema.

Nachname, Vorname: Titel. Untertitel. Ort: Verlag Jahr.

BEISPIEL

Hugger, Kai-Uwe: Digitale Jugendkulturen. Wiesbaden: VS Verlag für Sozialwissenschaften 2010.
Spivet, Bonnie: Stopping Cyberbullying. New York: Rosen Publishing 2012.
Michaelis, Dana: Jugendsprache und ihre Anglizismen. Eine sprachwissenschaftliche Studie zum Sprachwandel bei Jugendlichen. Hamburg: Diplomica 2014.

Bei **mehreren Autorinnen bzw. Autoren** werden die Namen mittels Schrägstrich (/) voneinander getrennt oder es wird nur die erste Autorin bzw. der erste Autor mit dem Zusatz **u.a.** genannt:

BEISPIEL

Leopold, Marion/Ulmann, Monika: Montessori-Pädagogik und digitale Medien: in Krippe und Kita. Freiburg: Herder 2017.
Schneider, Ulrike u.a. (Hg.): Zwischen Ideal und Ambivalenz. Geschwisterbeziehungen in ihren soziokulturellen Kontexten. Frankfurt a. M.: PL Academic Research 2015.

Mehrere Verlagsorte werden ebenso mittels Schrägstrich (/) getrennt oder es wird nur der erste Ort mit dem Zusatz **u.a.** angegeben.

BEISPIEL

Franck, Norbert/Stary, Joachim: Die Technik wissenschaftlichen Arbeitens. 17. Aufl. Paderborn u.a.: Schöningh 2013.

Geben Sie (außer bei der Erstauflage) nach dem Titel die verwendete **Auflage** an.

BEISPIEL

Eco, Umberto: Wie man eine wissenschaftliche Abschlußarbeit schreibt. Doktor-, Diplom und Magisterarbeit in den Geistes- und Sozialwissenschaften. 13. Aufl. der dt. Ausgabe. Wien: facultas.wuv 2010.

＊ Aufsätze in Sammelbänden

Sammelbände haben eine Herausgeberin bzw. einen Herausgeber (oder ein Herausgeberteam) und beinhalten Aufsätze von unterschiedlichen Autorinnen und Autoren. Im Literaturverzeichnis anzuführen sind **sowohl der Aufsatz**, aus dem Sie zitieren (unter dem Namen der ersten Autorin bzw. des ersten Autors), **als auch der Sammelband** selbst (unter dem Namen der ersten Herausgeberin bzw. des ersten Herausgebers).

Aufsatz

Nachname, Vorname von Artikelautorin/-autor: Titel des Aufsatzes. Untertitel. In: Nachname, Vorname von Herausgeberin/Herausgeber (Hg.): Titel des Sammelbandes. Untertitel. Ort: Verlag Jahr, erste und letzte Seitenzahl des Artikels.

> **BEISPIEL**
>
> Böhme, Isolde: Gomorrha. Eine Waffe gegen die Macht der Camorra? In: Storck, Timo/Taubner, Svenja (Hg.): Von Game of Thrones bis The Walking Dead. Interpretation von Kultur in Serie. Berlin/Heidelberg: Springer 2017, S. 267–284.

Sammelband

Nachname, Vorname von Herausgeberin/Herausgeber (Hg.): Titel. Untertitel. Ort: Verlag Jahr.

> **BEISPIEL**
>
> Storck, Timo/Taubner, Svenja (Hg.): Von Game of Thrones bis The Walking Dead. Interpretation von Kultur in Serie. Berlin/Heidelberg: Springer 2017.

Bezüglich **mehrerer Autorinnen und Autoren, Herausgeberinnen und Herausgeber sowie Verlagsorte** gilt bei Sammelbänden dasselbe wie bei Monographien (s. o.).

＊ Aufsätze in einschlägigen Fachjournalen und Zeitschriften

Anders als bei Sammelbänden wird die Zeitschrift **nicht** noch einmal extra angeführt.

Nachname, Vorname von Artikelautorin/-autor: Titel des Aufsatzes. Untertitel. In: Titel der Zeitschrift, Jahrgang, Heftnummer/Jahr, erste und letzte Seitenzahl des Aufsatzes.

> **BEISPIEL**
>
> Kruse, Otto: Schreibkompetenz zwischen Schule und Hochschule. In: ide – informationen zur deutschdidaktik. Zeitschrift für den Deutschunterricht in Wissenschaft und Schule, 38, 4/2014, S. 35–46.

✱ Aufsätze in Festschriften

Aufsätze in Festschriften werden wie Aufsätze in Sammelbänden zitiert, wobei in der Regel die Festschrift **nicht** extra noch einmal angeführt wird.

> **BEISPIEL**
>
> Wenk, Silke: Die Tücken der Biografie. In: Kreutziger-Herr, Annette u. a. (Hg.): Gender Studies in der Musikwissenschaft – quo vadis? Festschrift für Eva Rieger zum 70. Geburtstag. Hildesheim u. a.: Holms 2010, S. 125–130.

✱ Hochschulschriften

Aus Hochschulschriften (Bachelor-, Master-, Diplomarbeiten, Dissertationen, Habilitationsschriften) können Sie zwar zitieren, es sollte aber eher die Ausnahme als die Regel sein.

Nachname, Vorname: Titel. Untertitel. Ort: Hochschule, Art der Hochschulschrift Jahr.

> **BEISPIEL**
>
> Ebner, Markus: In Zeiten technischer Beschleunigung. Handynutzung im Zusammenhang mit Persönlichkeit, Selbstwert, Stress und subjektiver Zeitwahrnehmung. Wien: Universität Wien, Diplomarbeit 2015.

✱ Lexika, Enzyklopädien

Diese Publikationen werden wie Monographien angeführt. Gibt es keine Angaben zu Herausgeberin bzw. Herausgeber, wird stattdessen der Titel (bzw. ein Kurztitel) genannt.

Kurzbeleg

(Vgl.) Nachname von Herausgeberin/Herausgeber bzw. Kurztitel Jahr: Seite.

> **BEISPIEL**
>
> [14] (Vgl.) Brunner 2006: 329.
> [21] (Vgl.) Statistisches Jahrbuch 2017: 18.

Literaturverzeichnis

Im Falle einer Herausgeberschaft: analog zu Monographien.
Ansonsten jedenfalls Angaben zu Titel, Ort und Jahr.

> **BEISPIEL**
>
> Brunner, Horst (Hg.): Literaturwissenschaftliches Lexikon: Grundbegriffe der Germanistik. 2. Aufl. Berlin: Schmidt 2006.
> Statistisches Jahrbuch 2017 der Wirtschaftskammer Österreich. Wien 2017.

5.4   Zitieren spezieller Quellen

✳ Wissenschaftliche Artikel und Dokumente aus dem Internet

Für Quellen aus dem Internet gelten dieselben wissenschaftlichen Qualitätsansprüche wie bei anderen Quellen (vgl. Kap. 4.2), zusätzlich spielt aber die **Zeitqualität** eine wesentliche Rolle. Bei e-journals vertrauenswürdiger Anbieter kann man davon ausgehen, dass eine langfristige Archivierung gewährleistet ist. Andere Quellen aber sind flüchtiger Natur (etwa Einträge in Blogs, tagesaktuelle Seiten) und deshalb so zu behandeln wie andere empirische Materialien, d. h., sie sind im Anhang der Arbeit als Ausdruck (Screenshot) zu dokumentieren.

Besprechen Sie mit Ihrer Betreuungsperson, ob Sie auf Internetquellen per **Vollbeleg in der Fußnote** verweisen **oder** sie im **Literaturverzeichnis** (in einer eigenen Rubrik) anführen (vgl. Kap. 5.2). Vermeiden Sie einen Zeilenumbruch bei der Angabe von Websites. Ist dies aber unvermeidbar, führen Sie, um Verwechslungen mit Adressbestandteilen auszuschließen, die Trennung ohne Bindestrich (-) direkt nach einem mit Schrägstrich (/) getrennten Abschnitt durch.

(Vgl.) Nachname, Vorname: Titel. Untertitel. [*falls vorhanden:* In: Zeitung oder e-journal, vollständiges Datum.] URL: Adresse der Seite [Tag des Zugriffs = Tag.Monat.Jahr].

> **BEISPIEL**
>
> [6] (Vgl.) Grass, Julia: Google Umfrage. Diese Marken finden Jugendliche cool. In: Berliner Zeitung, 6.4.2017. URL: https://www.berliner-zeitung.de/digital/google-umfrage-diese-marken-finden-jugendliche-cool-26675070 [23.11.2017].

✳ Zeitungsartikel

Wenn Sie den Inhalt des Artikels als **Grundlage Ihrer Argumentation** benützen wollen, dann prüfen Sie die Qualität von Artikel, Verfasserin bzw. Verfasser und Zeitung. Sie werden dabei eher aus der „Frankfurter Allgemeinen Zeitung" oder aus dem „Standard" zitieren und Artikel einer „bunten Tageszeitung" gar nicht verwenden. Ist der Artikel **Objekt Ihrer empirischen Forschung** (z. B. im Rahmen einer Inhaltsanalyse von Zeitungsberichten), dann ist jeder Artikel relevant, der in Ihren Forschungsrahmen fällt.

Artikel in Zeitungen werden im Vollbeleg zitiert und somit ohne Angabe im Literaturverzeichnis. Bei **Themen- bzw. Sonderbeilagen** qualitativ guter Zeitungen wird durch Kurzbeleg auf das Literaturverzeichnis verwiesen.

Artikel in Zeitungen mittels Vollbeleg in der Fußnote

mit Verfasserin/Verfasser:
(Vgl.) Nachname, Vorname: Titel. Untertitel. In: Zeitung, vollständiges Datum, Seitenangabe.

> **BEISPIEL**
>
> [18] (Vgl.) Illetschko, Peter: Tage im Zeichen der Neugier. Die aktuellen Nobelpreisträger präsentieren ihre Arbeit mit Humor und Pathos. In: Der Standard, 9./10.12.2017, S. 19.

ohne Verfasserin/Verfasser (= o.V.):

(Vgl.) o.V.: Titel. Untertitel. In: Zeitung, vollständiges Datum, Seitenangabe.

BEISPIEL

[33] (Vgl.) o.V.: Österreich will bei Brexit helfen. In: Die Presse, 9.1.2018, S. 8.

Artikel in Themen- oder Sonderbeilagen zu einer Zeitung mittels Kurzbeleg

Kurzbeleg

(Vgl.) Nachname (Sonderbeilage) Jahr: Seitenangabe.

BEISPIEL

[12] (Vgl.) vom Hove (Themenbeilage „Album") 2017: A3.

Literaturverzeichnis

Nachname, Vorname: Titel. Untertitel. In: Zeitung, vollständiges Datum, Seitenangabe.

BEISPIEL

Vom Hove, Oliver: Enthusiast der Schönheit. Vom Provinzkind zum Vatikan-Archivar: Vor 300 Jahren wurde der Kunstwissenschafter Johann Joachim Winckelmann geboren. In: Der Standard (Album), 9.12.2017, S. A3.

✳ Eigene empirische Studien

Wenn Sie aus Interviews zitieren, die Sie im Rahmen Ihrer empirischen Studie geführt haben, führen Sie folgende Angaben an:

Akademischer Grad, Vor- und Nachname, Funktion im Betrieb bzw. in der Organisation, Name und Anschrift des Betriebes bzw. der Organisation, Datum des Interviews

---

BEISPIEL (fiktiv)

Interview wurde geführt mit:
Dr. Georg Lukas
Geschäftsführer der ABC GmbH
Beispielstraße 4, 1010 Wien
am 5. Juli 2018

Selbstverständlich erfolgt diese Angabe nur dann, wenn sich die befragte Person nach dem Interview mit der Nennung des Namens einverstanden erklärt hat. Andernfalls kann etwa der Zusatz verwendet werden: „Interview wurde auf Wunsch der bzw. des Befragten anonymisiert."

5.5   Spezialfälle beim Zitieren

Folgende Spezialfälle beziehen sich auf die Kap. 5.1 bis 5.4. Arbeiten Sie diese also durch, bevor Sie die nun angeführten Spezialfälle behandeln.

* Mehrere Veröffentlichungen einer Autorin bzw. eines Autors innerhalb eines Jahres
Wenn eine Autorin bzw. ein Autor mit mehreren Veröffentlichungen **innerhalb eines Jahres** im Literaturverzeichnis angeführt ist oder zwei (bzw. mehrere) Aufsätze **in einem Sammelband** veröffentlicht hat und Sie aus beiden zitieren, wird die eindeutige Zuordnung von Kurzbeleg und Literaturverzeichnis durch Zusätze hergestellt: Ergänzen Sie die Jahreszahlen durch Kleinbuchstaben **a, b, c** etc., wobei die Reihenfolge der Nennung der Literaturangaben im Fließtext entspricht. Dies gilt allerdings nur, wenn die **Autorenschaft** zweier Aufsätze oder Werke **absolut identisch** ist.

> **BEISPIEL**
>
> *Kurzbeleg*
> [5] Karmasin 2016a: 16.
> [6] Vgl. Karmasin 2016b: 120f.
>
> *Literaturverzeichnis*
> Karmasin, Matthias: Disruption und Paradox: medienethische Herausforderungen. In: Litschka, Michael (Hg.): Medienethik als Herausforderung für MedienmacherInnen. Ethische Fragen in Zeiten wirtschaftlicher und technologischer Disruption. Brunn am Gebirge: ikon 2016 (zit. als 2016a), S. 11–17.
> Karmasin, Matthias: Die Mediatisierung der Gesellschaft und ihre Paradoxien. Wien: facultas 2016 (zit. als 2016b).

* Autorinnen bzw. Autoren mit gleichlautenden Nachnamen
Verwenden Sie im Kurzbeleg zusätzlich den ersten Buchstaben des Vornamens oder (sofern auch dieser identisch ist) den ausgeschriebenen Vornamen; wenn das immer noch nicht ausreicht, den Anfangsbuchstaben eines eventuell vorhandenen zweiten Vornamens.

* Quellen ohne Verfasserin bzw. Verfasser
Quellen ohne Verfasserin bzw. Verfasser (**o.V.**) sind ein Beispiel für die Verwendung von Vollbelegen in der Fußnote (vgl. Kap. 5.2 und 5.4). Dadurch kann die Eintragung im Literaturverzeichnis entfallen (oder dort in einer eigenen Rubrik, z.B. „Quellen ohne Verfasserin/Verfasser", angegeben werden).

(Vgl.) o.V.: Titel. Untertitel. [bei Zeitungen, Broschüren etc.:] In: Quelle, Jahr bzw. vollständiges Datum, Seitenangabe. [bei Internetquellen:] URL: Adresse der Seite [Tag des Zugriffs].

BEISPIEL

[10] (Vgl.) o.V.: Die YoungBrandAwards 2016. URL: https://www.youngbrandawards.com/gewinner_2016-2017.php [8.1.2018].

✳ Wiederholte Nennung derselben Quelle

Wird eine Quelle wiederholt hintereinander genannt, kann die Angabe in verkürzter Form durch **ebenda** oder **ebd.** erfolgen (mit Angabe der Seitenzahl, wenn es sich um Zitate von unterschiedlichen Seiten handelt; ansonsten ohne Seitenzahl).

BEISPIEL

[2] Eco 2010: 204.
[3] Vgl. ebd.: 210.

Wir empfehlen aber trotzdem, die Quelle immer ausführlich anzuführen. Denn sobald sich ein neuer Quellenverweis dazwischenschiebt, verweist das „ebenda" nicht mehr korrekt.

✳Mehrfachbelege

Besonders zu Vergleichszwecken werden oft mehrere Belege in einer Fußnote angeführt. Die verschiedenen Belege werden mittels Strichpunkt (**;**) getrennt:

BEISPIEL

[12] Zur Einführung in die Geschwisterforschung vgl. Schneider u. a. 2015; zu Familienkonstellationen vgl. Toman 2011.

Auch Verweise auf mehrere Quellen im Text können so aussehen.

BEISPIEL

Neben Schneider u. a. (2015) zur Einführung in die Geschwisterforschung ist besonders die Publikation zu Familienkonstellationen von Toman (2011) in diesem Zusammenhang beachtenswert.

ÜBUNGSAUFGABE

→ Finden Sie den bzw. die Fehler in den vier Werken des folgenden Literaturverzeichnisses:

- 1) Isolde Böhme: Gomorrha. Eine Waffe gegen die Macht der Camorra? In: Storck, Timo/ Taubner, Svenja (Hg.): Von Game of Thrones bis The Walking Dead. Interpretation von Kultur in Serie. Berlin/Heidelberg: Springer 2017.
- 2) Franck, Norbert; Stary, Joachim: Die Technik wissenschaftlichen Arbeitens. 17. Aufl. Paderborn u. a.: Schöningh 2013.
- 3) Hugger, K.-U.: Digitale Jugendkulturen. Wiesbaden: VS Verlag für Sozialwissenschaften 2010
- 4) Leopold, Marion/Ulmann, Monika: Montessori-Pädagogik und digitale Medien: in Krippe und Kita. Herder 2017.

Lösung: 1) Nachname gehört vor Vorname; Seitenzahl des Aufsatzes fehlt; Sammelband ist nicht extra angeführt 2) Autorennamen müssen durch Schrägstrich getrennt werden – analog zu den anderen Publikationen in der Liste 3) Vorname darf nicht abgekürzt werden; Punkt hinter Jahreszahl fehlt 4) Ort fehlt.

ODER KURZ GESAGT …

Wenn Sie Texte oder Abbildungen von anderen Autorinnen und Autoren übernehmen – egal ob als wörtliches oder sinngemäßes Zitat –, müssen Sie die jeweilige Quelle angeben. Beachten Sie die dafür vorgesehenen Formvorschriften und seien Sie bei der Erstellung des Literaturverzeichnisses besonders sorgfältig und genau.

6 Inhaltliche und formale Gestaltung

> ➥ Welche Bestandteile hat eine VWA und wie lang müssen sie sein?
>
> ➥ Wie formatiere ich die Arbeit in Word?
>
> ➥ Wie schreibe ich in einem „wissenschaftlichen" Stil?

Ist nun der Inhalt wissenschaftlich oder die Form? Selbstverständlich beides!
Die **inhaltliche Relevanz** Ihrer Ausführungen wird anhand Ihres Konzepts und Ihrer Argumentation beurteilt. Die Qualität Ihrer Arbeit hängt aber auch wesentlich von der **Beachtung der Formvorschriften** ab, die dem Wissenschaftsbetrieb eigen sind. Beim formalen Aufbau der Arbeit gibt es einige Grundregeln (z.B. die obligatorischen Bausteine einer wissenschaftlichen Arbeit). Je nach Fachbereich bzw. Schule haben sich bei einigen Detailaspekten aber unterschiedliche Varianten entwickelt (z.B. was die konkrete Gestaltung des Titelblatts, die Art und Weise der Nummerierung der Kapitelüberschriften oder die Platzierung einzelner optionaler Bausteine betrifft). Fragen Sie daher Ihre Betreuungsperson nach **schulinternen Richtlinien** für die formale Gestaltung Ihrer Arbeit und verwenden Sie diese. Existieren keine formalen Vorgaben oder decken diese nicht alle formalen Bereiche ab, übernehmen Sie **die Vorgaben in diesem Buch als Grundlage** – sie sind universell einsetzbar und im Wissenschaftsbetrieb anerkannt.

> TIPP: Als oberster Grundsatz gilt jedenfalls: Der formale Aufbau bzw. das Layout der Arbeit muss konsistent, also zusammenhängend und durchgehend einheitlich sein.

6.1 Aufbau der VWA

Eine **(Vor-)wissenschaftliche Arbeit besteht aus einigen obligatorischen und einigen optionalen Bausteinen.**[29] Fragen Sie Ihre Betreuungsperson, ob es schulinterne Vorgaben zur Reihenfolge (v.a. der optionalen) Bausteine gibt.

(1) Titelblatt

(2) Abstract

(3) Vorwort (optional)

(4) Inhaltsverzeichnis

(5) Einleitung

(6) Hauptteil

(7) Schluss

(8) Literaturverzeichnis

(9) Abbildungsverzeichnis (optional)

(10) Abkürzungsverzeichnis (optional)

(11) Glossar (optional)

(12) Anhang (optional)

(13) Selbstständigkeitserklärung (optional)

---

29 Zu den formalen Kriterien (Bausteine, Zeichenanzahl etc.) vgl. BMB 2016a: 7f. und www.ahs-vwa.at („Schreibphase betreuen") [14.2.2018].

Der Gesamtumfang einer VWA (gezählt werden **Abstract, Einleitung, Hauptteil und Schluss**) beträgt **max. 60.000 Zeichen** (inkl. Leerzeichen und Fußnoten); Vorwort, Verzeichnisse und Anhang werden beim Gesamtumfang nicht mitgezählt.

(1) Titelblatt (1 Seite)

Das Titelblatt ist das erste Blatt Ihrer Arbeit. Es vermittelt der Leserin bzw. dem Leser einen ersten optischen Eindruck und muss folgende Informationen beinhalten:

- Titel der Arbeit (+ gegebenenfalls Untertitel)
- Art der Arbeit (in diesem Fall: „Vorwissenschaftliche Arbeit")
- Name der Verfasserin bzw. des Verfassers
- Klasse
- Titel und Name der Betreuungsperson
- Ort und Datum der Abgabe (Monat + Jahr)
- Name und Adresse der Schule

Die Gestaltung des Titelblatts sollte sachlich und professionell sein, verzichten Sie generell auf Abbildungen und den Einsatz von Farbe.

BEISPIEL: Titelblatt[30] (Formular zum **Download** unter: facultas.at/list/9783708916842)

> **Das Markenbewusstsein bei Jugendlichen im Geschlechtervergleich**
>
> Eine schriftliche Befragung zu ausgewählten Markenkategorien
>
> Vorwissenschaftliche Arbeit verfasst von
> **Max Maier**
> Klasse 8A
>
> Betreuerin: Prof. Mag. Anna Paul
>
> Wien, Februar 2019
> Realgymnasium XYZ
> 1234 Wien, Schulgasse 1

---

30 Vgl. Musterbeispiel auf www.ahs-vwa.at („Schreibphase betreuen") [14.2.2018].

(2) Abstract (ca. eine halbe bis dreiviertel Seite = 1.000–1.500 Zeichen[31])

Ein Abstract ist eine **Kurzfassung bzw. Kurzbeschreibung** Ihrer Arbeit und enthält deren wichtigste Inhalte. Erläutern Sie (auf Deutsch oder auf Englisch) kurz die Zielsetzung und Relevanz Ihrer Arbeit, die methodische Vorgehensweise und die wichtigsten Ergebnisse, präsentieren Sie aber **keine neuen Inhalte oder gar Erkenntnisse.** Das Abstract ist von der inhaltlichen Zusammenfassung im Schlusskapitel streng zu unterscheiden. Es wird erst nach dem Fertigstellen der VWA geschrieben, und zwar als stark gekürzte Zusammenfassung von Einleitung und Schlusskapitel. Achten Sie aber darauf, die Sätze nicht einfach zu kopieren.

(3) Vorwort (optional) (ca. eine halbe Seite = 1.000–1.300 Zeichen)

Das Vorwort enthält persönliche Zeilen der Autorin bzw. des Autors zur Arbeit und kann deshalb in der Ich-Form geschrieben werden (vgl. Kap. 6.3). Hier ist auch Platz für Hinweise darauf, von wem die Anregung zum jeweiligen Thema ausgegangen ist bzw. warum Sie Ihr Thema gewählt haben, für Danksagungen an die Betreuungsperson, Interviewpartner, Familie etc. Fügen Sie am Schluss des Vorworts Schulort, Datum und Ihren Namen an.

(4) Inhaltsverzeichnis (ideal: 1 Seite)

Das Inhaltsverzeichnis gibt einen **Überblick** über die Systematik Ihrer Arbeit und vermittelt einen **ersten Eindruck.** Es soll den logischen Aufbau der Arbeit widerspiegeln und stellt Informationen über den Inhalt der Arbeit bereit. Seien Sie sich dessen bewusst, dass das Inhaltsverzeichnis die „Visitenkarte" Ihrer Arbeit ist.

Nummerierung der Kapitelüberschriften

Am weitesten verbreitet und einfach zu verwenden ist das **numerische Gliederungssystem,** also die Gliederung der Kapitel mithilfe von Ziffern (1, 1.1, 1.2, 2, 3 …). In dieser Form kann das Inhaltsverzeichnis im Textverarbeitungsprogramm automatisch erstellt werden (vgl. Kap. 6.2.3).

In einer (Vor-)wissenschaftlichen Arbeit sollten streng genommen nur die **Kapitelüberschriften des Textteils** (Einleitung, Hauptteil, Schluss) **nummeriert** sein. Die Nummerierung der Kapitelüberschriften beginnt mit der Einleitung mit 1 und endet mit dem Schlusskapitel. Alle anderen Bestandteile wie Abstract und Vorwort sowie Literaturverzeichnis und Anhang werden in der Regel nicht nummeriert, sollen aber im Inhaltsverzeichnis aufscheinen (zur diesbezüglichen Vorgehensweise in Word vgl. Kap. 6.2.3). Jeder Gliederungspunkt ist mit der exakten Seitenzahl zu versehen, auf der er in der Arbeit zu finden ist.

---

31 Zeichenangaben jeweils inkl. Leerzeichen, Fuß- und Endnoten.

BEISPIEL: Inhaltsverzeichnis

(5) Einleitung (ca. 1 Seite = 1.800–2.200 Zeichen)

Die Einleitung fungiert als sachliche Einführung in das Thema, als Rechtfertigung der Themenstellung sowie der Fragestellung, sie verweist auf die Methoden und soll den Bezug zur aktuellen Diskussion herstellen. Sie gibt aber noch **keine Antworten** und enthält **keine persönlichen Aspekte**. Die Einleitung umfasst drei Punkte:

- **Relevanz:** Was ist das Thema Ihrer Arbeit und warum ist es wichtig – nicht für Sie persönlich (das gehört ins Vorwort), sondern ganz allgemein und neutral betrachtet? (Weil es z. B. aktuell ist, weil es interessante Literatur dazu gibt …)
- **Fragestellung:** Wie lauten Ihre (leitende) Fragestellung und Ihre Unterfragen (vgl. Kap. 2)? Was sind Ihre Ziele? Gegebenenfalls aber auch: Welche Eingrenzungen des Themas werden bzw. müssen Sie vornehmen und aus welchen Gründen tun Sie das?
- **Vorgangsweise:** Wie gehen Sie bei der Bearbeitung und Beantwortung der Fragestellung(en) vor? Welche Methoden verwenden Sie (welche wissenschaftliche Literatur bzw. welche empirische Methode) und wie ist Ihre Arbeit aufgebaut?

(6) Hauptteil (max. ca. 26 Seiten = ca. 54.500 Zeichen)

Im Hauptteil bearbeiten Sie systematisch Ihre Fragestellung und Unterfragen. Klären Sie – auch bei Arbeiten mit einem empirischen Teil – zunächst die zentralen Begriffe Ihres Themas und geben Sie einen Überblick über die unterschiedlichen theoretischen Definitionen und Ansätze zu Ihrem Thema.

Bei einer **Literaturarbeit** knüpfen Sie an die von Ihnen bearbeitete Literatur an. Erläutern Sie die wesentlichen Erkenntnisse aus den Texten, die Sie gelesen haben, und zwar in Bezug zu Ihrer Fragestellung; vergleichen Sie die Ergebnisse der Texte und setzen Sie sich kritisch damit auseinander.

Bei einer **empirischen Arbeit** erklären Sie Ihre Methode (basierend auf der entsprechenden methodologischen Literatur) und wie Sie bei Ihrer Untersuchung konkret vorgegangen sind; anschließend präsentieren und interpretieren Sie die Ergebnisse.

Wichtig sind im Hauptteil ein logischer und klarer Aufbau sowie fließende Übergänge zwischen den Kapiteln, also ein „roter Faden", der sich durch die gesamte Arbeit zieht (*„dieses und jenes wurde aus folgenden Gründen gemacht, das wiederum führt zu diesem und jenem Aspekt …"*).

Achten Sie unbedingt auch auf die Einhaltung folgender **Grundsätze zur Gliederung**, um die formale Richtigkeit Ihrer Arbeit zu gewährleisten:

٭ Die Gliederungstiefe soll drei Ebenen (z.B. 5.3.1) nicht überschreiten, hinter der letzten Stelle der Kapitelnummerierung steht kein Punkt.

Falsch:	*Richtig:*
5. Schriftliche Befragung	5 Schriftliche Befragung
5.1. Forschungsmethode	5.1 Forschungsmethode
5.2. Empirische Detailfragen	5.2 Empirische Detailfragen
5.3. Ergebnisse	5.3 Ergebnisse
5.3.1. Markenbekanntheit	5.3.1 Markenbekanntheit
5.3.2. Beantwortung der Detailfragen	5.3.2 Beantwortung der Detailfragen
5.3.2.1. Detailfrage 1	6 Zusammenfassung

٭ Ein Hauptkapitel (1, 2, 3 …) beginnt jeweils auf einer neuen Seite.

Das ist nicht nur optisch ratsam, sondern damit wird auch ein neuer Abschnitt dokumentiert, der aufgrund seiner Wertigkeit auf einer neuen Seite beginnt.

٭ Gibt es Unterpunkte zu einem Oberpunkt, dann müssen es zumindest zwei sein.

Falsch:	*Richtig:*
3 Marken im Wandel	3 Marken im Wandel
3.1 Marken gestern und heute	3.1 Marken gestern und heute
4 Starke Marken von heute	3.2 Der Einfluss von Social Media und Web 2.0

٭ Unterpunkte sollen keine wortgetreue Wiederholung des übergeordneten Punktes darstellen.

Falsch:	*Richtig:*
4 Starke Marken in den Kategorien IT und Kleidung	4 Starke Marken von heute
4.1 Starke Marken in der Kategorie IT	4.1 Kategorie IT
4.2 Starke Marken in der Kategorie Kleidung	4.2 Kategorie Kleidung

∗ Stellenwert des Kapitels und Gliederungsebene müssen übereinstimmen.

Unterkapitel bzw. Begriffe, die von gleicher Bedeutung sind, sollten auf derselben Gliederungsebene stehen. Zum Thema *„Das Markenbewusstsein bei Jugendlichen im Geschlechtervergleich"* wäre folgende Gliederung verfehlt:

Falsch:	*Richtig:*
4 Starke Marken von heute	4 Starke Marken von heute
4.1 Kategorie IT	4.1 Kategorie IT
4.1.1 Kategorie Kleidung	4.2 Kategorie Kleidung

Die unterschiedlichen Marken-Kategorien müssen dieselbe Relevanz in der Gliederung haben.

(7) Schluss (ca. 1 Seite = 1.800–2.200 Zeichen)

Den Abschluss der Arbeit bildet eine sachliche Zusammenfassung (Schluss, Resümee, Fazit, Ausblick o. Ä.), die folgende vier Punkte beinhaltet:

- Was sind die wichtigsten Ergebnisse bzw. Erkenntnisse Ihrer Arbeit?
- Was sind die wesentlichen Antworten auf die leitende Fragestellung bzw. die Unterfragen, die Sie in der Einleitung aufgeworfen haben?
- Welche Fragen sind offen geblieben, welche weiterführenden Fragen haben sich ergeben (Ausblick)?
- Wie ordnen Sie die Ergebnisse in einen größeren Zusammenhang ein, wie bewerten Sie Ihren Beitrag zum Thema?

(8) Literaturverzeichnis

Das Literaturverzeichnis enthält in alphabetischer Reihenfolge alle Bücher und Belege der in der Arbeit verwendeten Quellen. Hier ist auch Platz für die Link-Sammlung der verwendeten Internetquellen (zur Art und Anordnung des Literaturverzeichnisses vgl. Kap. 5.3 und 5.4).

(9) Abbildungsverzeichnis (optional)

Das Abbildungsverzeichnis enthält alle Abbildungsbeschriftungen von Grafiken, Tabellen etc. und deren Quellen (vgl. Kap. 6.2.3).

(10) Abkürzungsverzeichnis (optional)

Das Abkürzungsverzeichnis enthält erklärungsbedürftige Abkürzungen, die nicht im Duden bzw. im Österreichischen Wörterbuch lexikalisiert sind.

(11) Glossar (optional)

Das Glossar enthält erklärungsbedürftige Fachbegriffe inklusive einer Definition.

(12) Anhang (optional)

Im Anhang werden sonstige Quellen und ergänzende Materialien angeführt, deren Integration im Text bzw. im Literaturverzeichnis unpassend wäre, z. B. Protokolle, Fragebögen von Interviews, Tabellenblätter, aus denen im Text zitiert wurde, etc.

(13) Selbstständigkeitserklärung (optional)

Manche Schulen verlangen am Ende der VWA folgende Erklärung: „Ich erkläre, dass ich diese Vorwissenschaftliche Arbeit eigenständig angefertigt und nur die im Literaturverzeichnis angeführten Quellen und Hilfsmittel benutzt habe."

Setzen Sie unter diese Erklärung Ort und Datum sowie Ihre handschriftliche Unterschrift und lassen Sie das Blatt an der entsprechenden Stelle miteinbinden.

6.2 Formatierung in Word

In diesem Kapitel geben wir Ihnen einige Hinweise zur Formatierung im Textverarbeitungsprogramm Microsoft Office Word für Windows bzw. Mac OS.[32] Selbstverständlich können Sie Ihre Arbeit auch in einem anderen Textverarbeitungsprogramm verfassen.

> **TIPP:** Welches Textverarbeitungsprogramm Sie auch verwenden und so banal es klingen mag: Vergessen Sie das **Speichern** nicht. Legen Sie öfter eine neue Speicherdatei an und behalten Sie ebenso die alte Vorversion. Vorversionen dienen als absolutes Backup, sofern mit der aktuellen Version etwas „passieren" sollte. Speichern Sie die Arbeit auch abseits von der Festplatte, etwa auf einem USB-Stick oder in der Cloud. Drucken Sie die Arbeit außerdem in regelmäßigen Abständen aus.

6.2.1 Allgemeine Layoutrichtlinien

Wenn Ihre Schule keine verpflichtenden Formatierungsregeln vorschreibt, halten Sie sich an folgende Empfehlungen, die sich für wissenschaftliche Arbeiten bewährt haben (Anleitungen zur Formatierung der einzelnen Vorgaben in Word finden Sie in Kap. 6.2.3).[33] Welches Layout aber auch immer Sie verwenden: Achten Sie unbedingt auf die **Einheitlichkeit**!

Format:	DIN A4 im Hochformat, einseitig bedruckt
Seitenränder:	oben: 2,5 cm, unten: 2,5 cm, links: 2,5 cm, rechts: 2,5 cm
	Bundsteg (Position Links): 1 cm
Textausrichtung:	Fließtext: Blocksatz mit automatischer Silbentrennung
	Fußnoten: linksbündig
Schriftart:	muss gut lesbar sein, z. B. Times New Roman, Arial, Verdana
	max. 2 verschiedene Schriftarten verwenden
Schriftgröße:	Fließtext: 12 pt
	Fußnoten, Langzitate: 10 pt

---

32 Eine Schritt für Schritt Anleitung in Form eines Video-Tutorials finden Sie für Microsoft Word 2016 unter https://support.office.com/de-de/article/Word-2016-Schulung-4d318965-c1cb-497d-8782-655a56567c7e?ui=de-DE&rs=de-DE&ad=DE [14.2.2018].

33 Vgl. BMB 2016a: 7 bzw. die Dokumentenvorlage auf www.ahs-vwa.at („Schreibphase betreuen") [14.2.2018].

Zeilenabstand:	Fließtext: 1,5-zeilig
	Fußnoten, Langzitate: 1-zeilig
Überschriften:	Ebene 1: 16 pt, fett, Ausrichtung links
	Ebene 2: 14 pt, fett, Ausrichtung links
	Ebene 3: 12 pt, fett, Ausrichtung links
Hervorhebungen:	im Fließtext durch Kursivsetzung
	in den Überschriften durch Fettdruck und Schriftgröße
Seitennummerierung:	beginnt mit der ersten Seite nach dem Titelblatt und endet mit der letzten Seite des Anhangs. Somit sind außer dem Titelblatt und der Selbstständigkeitserklärung sämtliche Blätter zu nummerieren.
Abbildungen/ Tabellen:	müssen durchlaufend nummeriert und beschriftet werden, z. B. *Abbildung 1: Markenimage*; im Fließtext ist auf die Abbildung zu verweisen; wenn sie aus einem Buch, dem Internet etc. entnommen ist, ist ihre Quelle anzuführen, sowohl im Fließtext bzw. in einer Fußnote als auch zusätzlich im Abbildungsverzeichnis, z. B. *Abbildung 1: Markenimage (Quelle: xy)* (vgl. Kap. 5.2).

6.2.2 Die ersten Schritte

Die nachfolgenden Screenshots wurden in Microsoft Office Word 2016 erstellt. Ansichten und Darstellungen können in anderen Versionen von Word etwas abweichen, sind aber letztlich ähnlich aufgebaut.

Starten Sie ein neues Word-Dokument, wenn Sie mit der Arbeit beginnen. Verwenden Sie kein bestehendes Dokument. Es könnte Formatierungs-Einstellungen enthalten, die Sie nicht kennen und dann auch eventuell nicht deaktivieren können. Klicken Sie auf die Schaltfläche **Datei** oben links und wählen Sie **Neu**. Öffnen Sie dann ein **Leeres Dokument**.

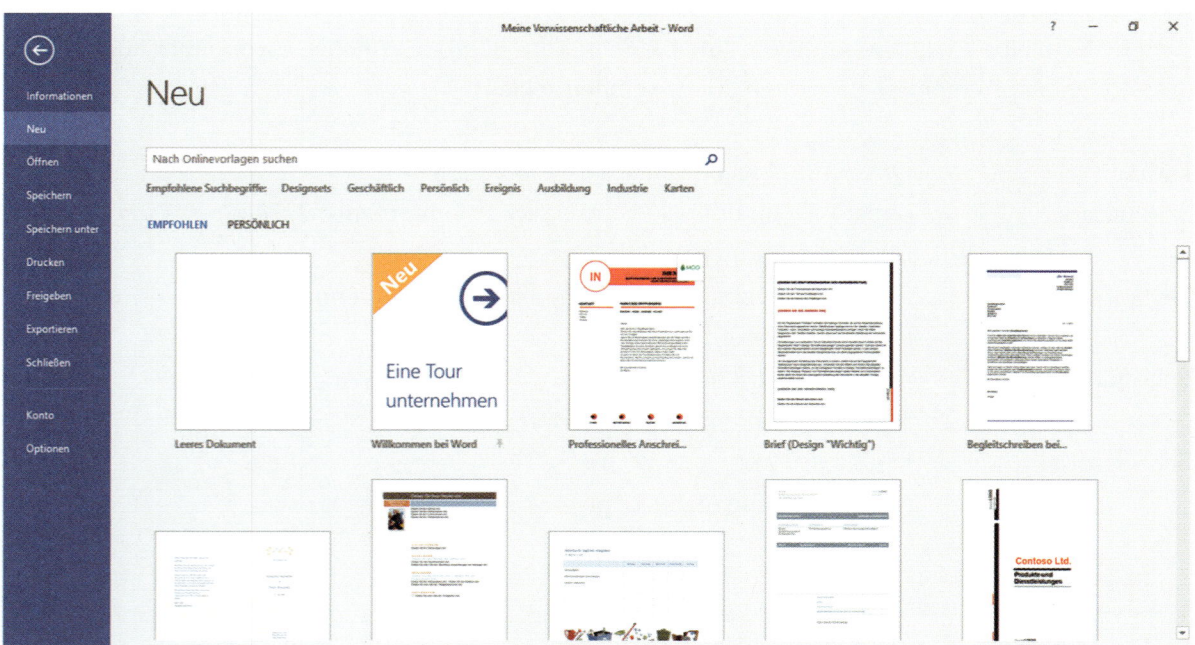

Abbildung 6: Neues Dokument öffnen

Änderungen der Formate innerhalb Ihres Word-Dokumentes gelten **nur** für das geöffnete Dokument und verändern keine sonstigen Dokumente oder Vorlagen.

Speichern Sie nun Ihr Dokument mit einem bezeichnenden Namen. Wir nennen es kurzerhand: „Meine Vorwissenschaftliche Arbeit". Klicken Sie dazu abermals auf **Datei** oben links und wählen Sie **Speichern**. Hier legen Sie auch fest, wo auf der Festplatte die Datei gespeichert wird. Legen Sie dafür einen eigenen Ordner an, in dem Sie neben der Arbeit auch alle Materialien (Grafiken, Protokolle etc.) ablegen. Um eine neue Speicherversion zu erstellen, wählen Sie **Speichern unter**.

Es empfiehlt sich, in der **Seitenlayout**-Ansicht zu arbeiten, weil in dieser Ansicht die Formatierungen angezeigt werden. Klicken Sie dazu im Menü **Ansicht** links auf **Seitenlayout**.

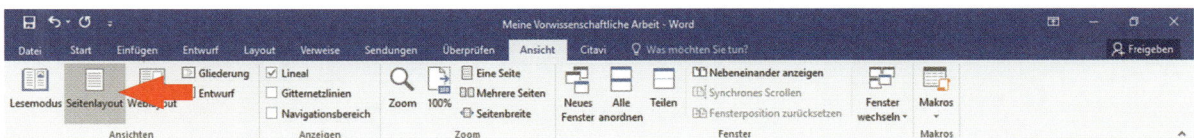

Abbildung 7: Seitenlayout auswählen

Schalten Sie die Anzeige von Absatzmarken ¶ ein. Damit werden die Formatierungszeichen angezeigt. Drücken Sie im Menü **Start** auf den in Abb. 8 mittels Pfeil markierten Button.[34]

Abbildung 8: Absatzmarken anzeigen

Auch wenn Sie in der Bearbeitung des Layouts unerfahren bzw. unsicher sind – jede von Ihnen vorgenommene Einstellung oder Änderung kann auch wieder **rückgängig** gemacht werden. Beachten Sie aber, dass diese Option nicht unbegrenzte Schritte zurück erlaubt. Sie finden die Rückgängig-Schaltfläche als weißen nach oben links geschwungenen Pfeil in der Symbolleiste für den Schnellzugriff ganz links oben. Rechts davon gibt es einen nach oben geschwungenen Pfeil, um umgekehrt wieder Schritte „nach vor" zu tätigen.

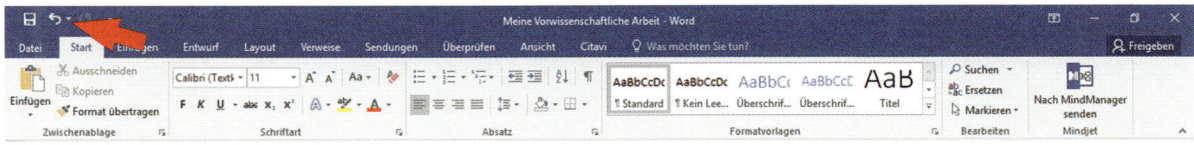

Abbildung 9: Rückgängig machen von Einstellungen und Eingaben

Ein wichtiges Instrument im Layout sind die **Abschnittsumbrüche** (je nach Word-Version auch Abschnittswechsel genannt). Damit werden die einzelnen Bausteine aus Kap. 6.1 voneinander getrennt.

> **TIPP:** Arbeiten Sie als Trennung zwischen den Bausteinen **immer** mit Abschnittsumbrüchen und nicht mit Seitenumbrüchen!

---

34 Zum Anzeigen der zu den jeweiligen Buttons gehörigen Funktionen platzieren Sie den Cursor auf dem Button, ohne ihn zu klicken. In ein bis zwei Sekunden wird die jeweilige Funktion angezeigt.

Der Grund dafür liegt in der Auswirkung auf die Formatierung. So können sich Formatierungen in verschiedenen Abschnitten voneinander unterscheiden (etwa ob innerhalb eines bestimmten Abschnittes die Seitenzahlen angezeigt werden oder nicht – so werden auf dem Titelblatt oder bei der Selbstständigkeitserklärung keine Seitenzahlen angeführt). Formatierungen, die Sie innerhalb eines Abschnittes tätigen (etwa die Anzeige von Seitenzahlen), gelten dann auch nur für diesen Abschnitt. Dies ist mit einem reinen Seitenumbruch nicht möglich.

Wenn Sie einen neuen Baustein bzw. ein neues Hauptkapitel beginnen, wählen Sie im Menü **Layout** den Button **Umbrüche** und dann unter Abschnittsumbrüche **Nächste Seite**, weil ein Hauptkapitel ohnedies auf einer neuen Seite beginnen soll.

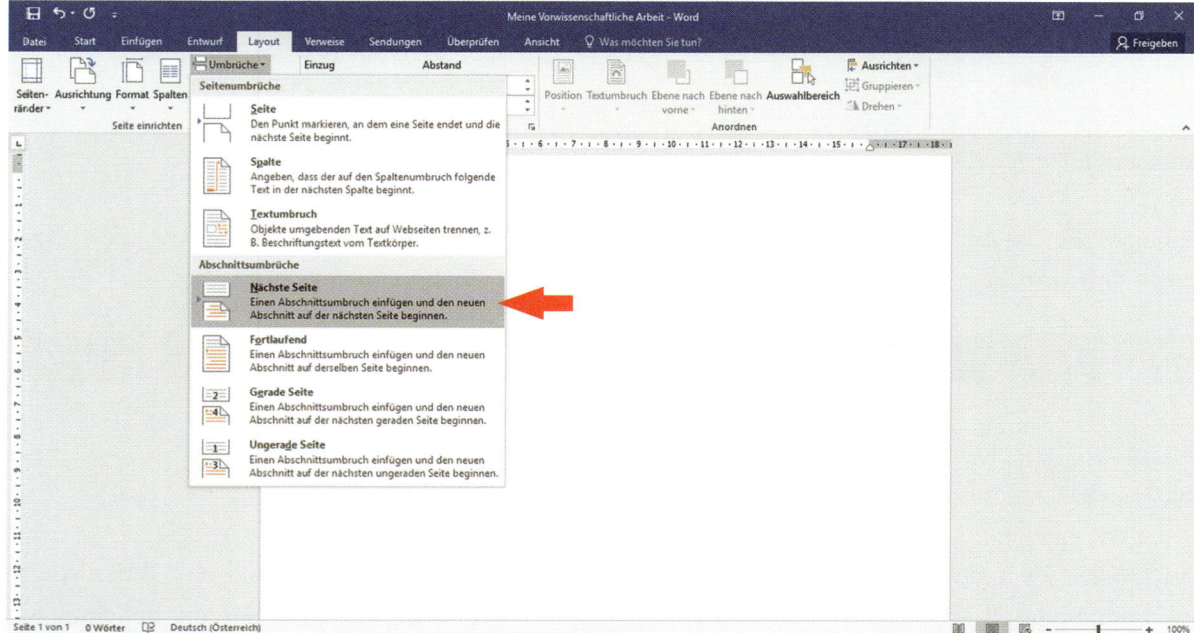

Abbildung 10: Abschnittsumbruch zwischen den Bausteinen verwenden

TIPP: **Vorsicht** ist geboten beim Löschen von Abschnittsumbrüchen. Sobald Sie einen Abschnittsumbruch löschen, übernimmt der aktuelle Abschnitt alle Formatierungen des Abschnitts davor. In einem solchen Fall empfiehlt es sich, die Löschung rückgängig zu machen.

Ein weiteres wichtiges Instrument sind die **Formatierungsbefehle**. Dazu gehören vor allem:

- das Leerzeichen (•): Wird gesetzt durch das *Drücken der Leertaste*.
- das geschützte Leerzeichen (°) verhindert einen Zeilenumbruch (z. B. wenn der Ausdruck „100 Euro" nicht getrennt werden soll): Wird gesetzt durch die Tastenkombination: *Strg-Umschalt-Leertaste*.
- das Absatzzeichen (¶): Wird gesetzt durch das *Drücken der Enter-Taste*.
- der manuelle Zeilenumbruch (Enterzeichen): Bewirkt einen fixen Zeilenumbruch. Dient z. B. auch zum Setzen von Absätzen in Tabellen. Wird gesetzt durch die Tastenkombination: *Umschalt-Enter*.

Genauso nützlich sind die **Tastenkombinationen (Shortcuts)**. Diese sind aber **keine Voraussetzung** für die Arbeit mit Word, sondern eine Hilfestellung, mit der Sie sich den (manchmal mühsamen) Weg mit der Maus durch die Menüs ersparen. Sehr beliebt sind etwa die Tastenkombinationen für „Ausschneiden" (strg-x), „Kopieren" (strg-c), „Einfügen" (strg-v) , „Fußnote einfügen" (strg-alt-f) sowie „Rückgängig machen" (strg-z).

Die Tasten der Tastenkombination werden in der angegebenen Reihenfolge hintereinander gedrückt und die Tasten so lange gehalten, bis die letzte Taste der Kombination gedrückt wurde.

6.2.3 Formatierungstipps

✳ Seitenrandeinstellung und Papierformat
Drücken Sie im Menü **Layout** ganz links auf den Button **Seitenränder** und wählen Sie dann **Benutzer-definierte Seitenränder**. Wir empfehlen folgende Seitenränder, wobei Sie diese nach Vorgabe bzw. Bedarf auch leicht variieren können.

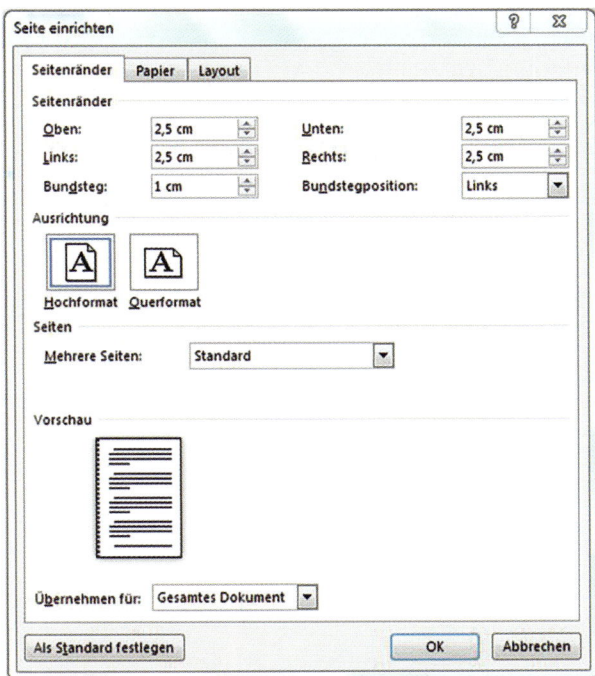

Abbildung 11: Einstellen der Seitenränder

Bestätigen Sie mit OK und wählen Sie anschließend für das Papierformat im Menü **Layout** in der unter **Format** angeführten Liste das Format **A4.**

✳ Formatvorlagen
Jedes Word-Dokument besitzt eine Formatvorlage. In ihr sind die Formate aller Textarten, die Sie in Ihrer Arbeit verwenden (Standardtext, Überschriften, Beschriftungen, Fußnotentext etc.), definiert. Immer wieder wird **viel Zeit mit Änderungen von Formatierungen vergeudet**, die unter Verwendung von Formatvorlagen ganz einfach und unproblematisch durchgeführt werden können. Zwei Beispiele für die Vorteile bei der Arbeit mit der Formatvorlage:

1. Alle als **<Beschriftung>** definierten Textteile (z. B. Beschriftungen von Abbildungen oder Tabellen) werden dann vollautomatisch im Abbildungsverzeichnis erscheinen und spätere Änderungen werden automatisch adaptiert.

2. Alle definierten **<Überschriften>** können automatisch nummeriert werden. Beim Einfügen neuer Überschriften wird die Nummerierung sofort und automatisch richtig korrigiert. Wenn Sie nachträglich noch ein Kapitel einfügen, sparen Sie sich damit die Arbeit, alle Überschriften und Verweise händisch korrigieren und kontrollieren zu müssen.

Die wichtigsten (und in der Regel auch ausreichenden) Formatvorlagen sind:

- <Standard> für den normalen Fließtext
- <Überschrift 1>, <Überschrift 2>, <Überschrift 3>
- <Fußnotentext> und <Fußnotenzeichen>
- <Beschriftung> für Abbildungen, Tabellen und Grafiken
- <Fußzeile> (und falls gewünscht auch <Kopfzeile>)
- <Zitat> für Langzitate, die mindestens drei Zeilen umfassen
- <Verzeichnis 1> für das Inhaltsverzeichnis
- <Abbildungsverzeichnis> für die Einträge im Abbildungsverzeichnis

Sie können die Formatvorlagen wie folgt **aufrufen** und – bei Bedarf – **ändern**: Klicken Sie im Menü **Start** unter **Formatvorlagen** auf den **Pfeil-Button** ganz rechts unten in der Ecke. Damit öffnet sich die Liste der Formatvorlagen.

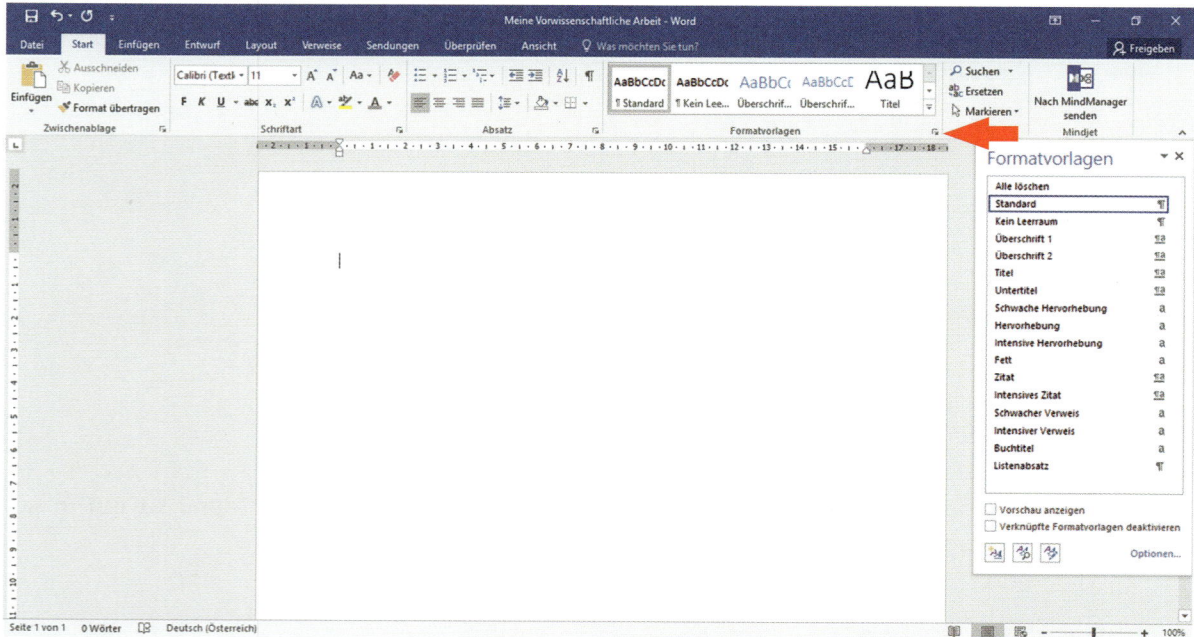

Abbildung 12: Liste der Formatvorlagen

Klicken Sie rechts unten auf **Optionen**, dann öffnet sich ein weiteres Fenster. Im Kästchen **Anzuzeigende Formatvorlagen auswählen** wählen Sie **Alle Formatvorlagen** und bestätigen mit OK, dann werden in der Liste sämtliche Formatvorlagen angezeigt.

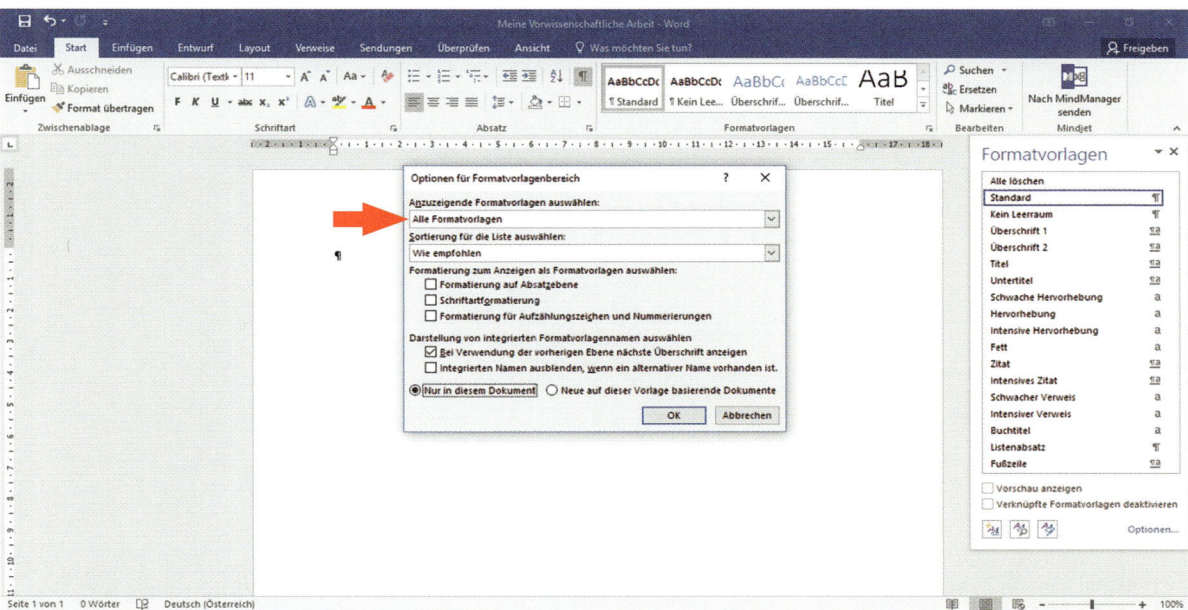

Abbildung 13: Alle Formatvorlagen anzeigen

TIPP: Schreiben Sie zunächst Ihren Text und weisen Sie den einzelnen Textbausteinen (Überschrift, Beschriftung etc.) erst danach die passende Formatvorlage zu.

Ausgangsbasis für die meisten Formatvorlagen ist <Standard>. Beginnen Sie also damit, bevor Sie andere Formatvorlagen ändern bzw. definieren.

<Standard>

Öffnen Sie die Liste der Formatvorlagen, wie gerade angegeben (vgl. Abb. 13). Platzieren Sie den Cursor auf der Formatvorlage in der Liste, die Sie ändern möchten, klicken Sie auf den rechts erscheinenden Pfeil und wählen Sie **Ändern.**

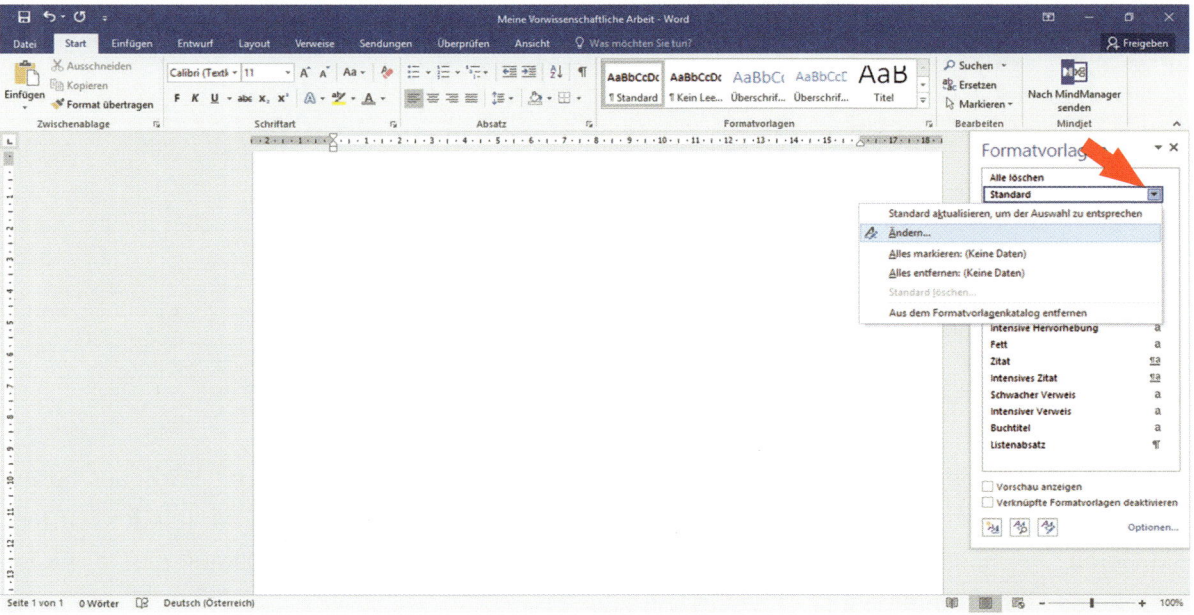

Abbildung 14: Aufrufen und Ändern der Formatvorlage <Standard>

Danach öffnet sich folgendes Fenster zur Einstellung der Formatvorlage **<Standard>**:

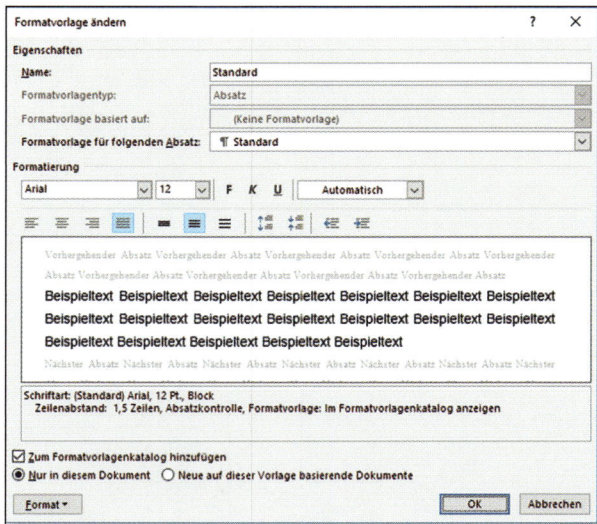

Abbildung 15: Formatvorlage <Standard>

Nehmen Sie die Einstellungen wie oben abgebildet vor. Wählen Sie mit den Buttons die Ausrichtung **Blocksatz** und den **Zeilenabstand** mit 1,5 Zeilen.

Noch bevor Sie mit OK bestätigen, klicken Sie auf den Button **Format** links unten im Fenster und dann auf **Absatz**. Es erscheint folgendes Fenster:

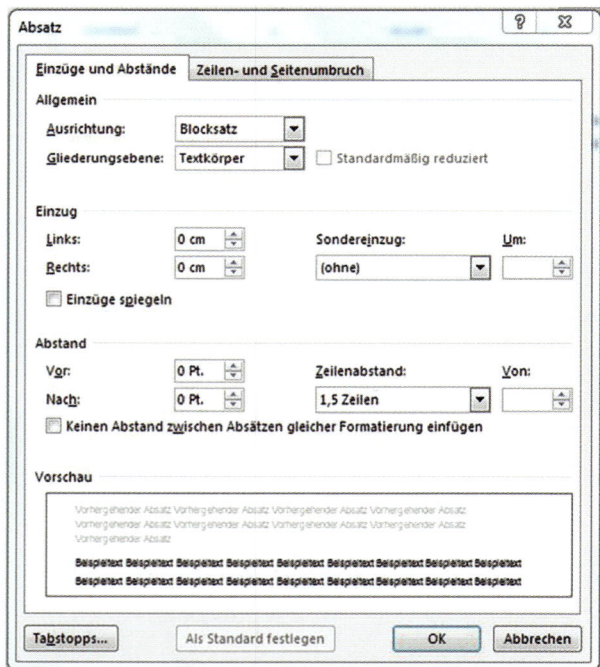

Abbildung 16: Einzüge und Abstände <Standard>

Hier können Sie kontrollieren, ob tatsächlich Blocksatz und der Zeilenabstand mit 1,5 Zeilen ausgewählt wurde. Gehen Sie dann auf den Reiter **Zeilen- und Seitenumbruch** im oberen Teil des Fensters. Aktivieren Sie – falls nicht ausgewählt – die Absatzkontrolle und achten Sie darauf, dass das Kästchen **Keine Silbentrennung** nicht angeklickt ist.

Bestätigen Sie alle Fenster mit OK und kehren Sie zum Hauptfenster zurück.

Bei Bedarf können Sie diese Vorlage nach Ihren Vorgaben variieren. Falls Sie die Formatvorlage zu einem späteren Zeitpunkt ändern, werden alle Textteile, die als **<Standard>** definiert sind, entsprechend geändert. Im Übrigen empfehlen wir Ihnen, mit den unterschiedlichen Einstellungen in einem eigenen Test-Dokument zu experimentieren.

Sie haben nun Zeichen und Absatz der Formatvorlage **<Standard>** erstellt und können bereits als nächsten Schritt **<Überschrift 1>** aus den Formatvorlagen auswählen. Die Vorgangsweise deckt sich mit den Einstellungen von **<Standard>**, nur die Werte selbst sind andere.

<Überschrift 1>

Wir empfehlen als Schriftgrad 16 pt und fett. Als Format empfehlen wir (wie bei allen anderen Formaten zu Überschriften) Ausrichtung Links (nicht Block!), einen Abstand nach dem Absatz von 16 pt, Zeilenabstand 1,5 Zeilen. Die Gliederungsebene muss als Ebene 1 angegeben werden.

Abbildung 17: Einzüge und Abstände <Überschrift 1>

Die weiteren Formatvorlagen:

<Überschrift 2> wie <Überschrift 1>, jedoch mit Schriftgröße 14 pt, Abstand nach dem Absatz von 14 pt

<Überschrift 3> wie <Überschrift 1>, jedoch mit Schriftgröße 12 pt, Abstand nach dem Absatz von 12 pt

<Fußnotentext> wie <Standard>, jedoch mit Schriftgröße 10 pt, einfachem Zeilenabstand, linksbündig

<Beschriftung> (für Abbildungen, Tabellen) wie <Standard>, jedoch fett und kursiv, Ausrichtung zentriert

<Fußzeile> und <Kopfzeile> wie <Standard>, jedoch mit Schriftgröße 10 pt

<Zitat> wie <Standard>, jedoch kursiv, mit einfachem Zeilenabstand und einem Einzug Links von 1 cm

<Verzeichnis 1> (Inhaltsverzeichnis) wie <Standard>, jedoch linksbündig

<Abbildungsverzeichnis> wie <Standard>, jedoch linksbündig

Formatvorlagen können Sie nicht nur ändern, sondern bestimmten Textstellen auch **zuweisen**: Üblicherweise haben Texteingaben das Format <Standard>. Wenn Sie einer Textstelle eine andere Formatierung zuweisen wollen, z. B. **<Überschriften>**, markieren Sie die betreffende Stelle und wählen die gewünschte Formatvorlage in der Liste der Formatvorlagen.

Vorsicht ist aber geboten, wenn Sie Textstellen aus dem Internet oder einem PDF-Dokument in Ihre Arbeit kopieren. Fast immer werden Sie mit ausgefallenen Formatvorlagen eingespeist. Sie sollten diese Textteile daher unbedingt in Ihrer Arbeit mit der Maus markieren und ihnen die Formatvorlage <Standard> zuweisen (und vergessen Sie nicht, die Quelle zu zitieren).

✳ Nummerieren der Kapitelüberschriften

Voraussetzung für ein automatisches Nummerieren der Überschriften ist, dass Sie den Überschriften die entsprechende Formatvorlage **<Überschrift 1>** bis **<Überschrift 3>** zugewiesen haben. Dann gehen Sie wie folgt vor:

Klicken Sie mit dem Cursor auf (irgend)eine Ihrer Überschriften. Im Menü **Start** kommen Sie direkt über den Button **Liste mit mehreren Ebenen** zum Listenmenü. Wählen Sie dort die numerische Gliederung der Überschriften, ohne Punkt hinter der letzten Zahl (1, 1.1, 1.1.1 etc.).

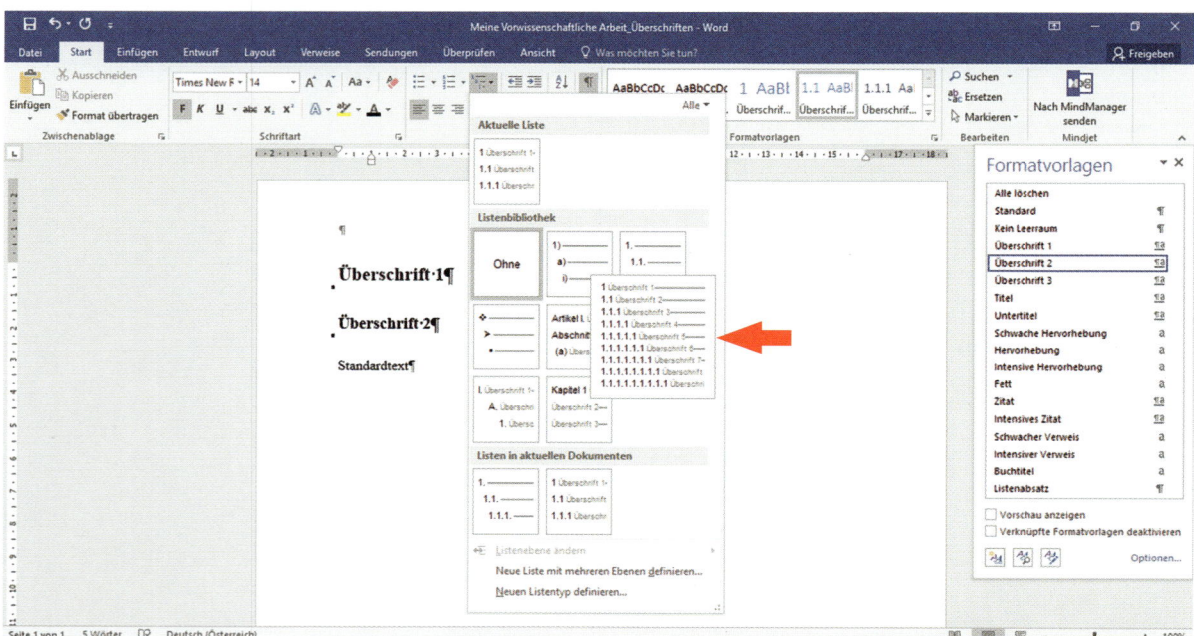

Abbildung 18: Nummerierung der Überschriften auswählen

Wenn Sie alles richtig gemacht haben, dann sind alle Überschriften nun nummeriert.

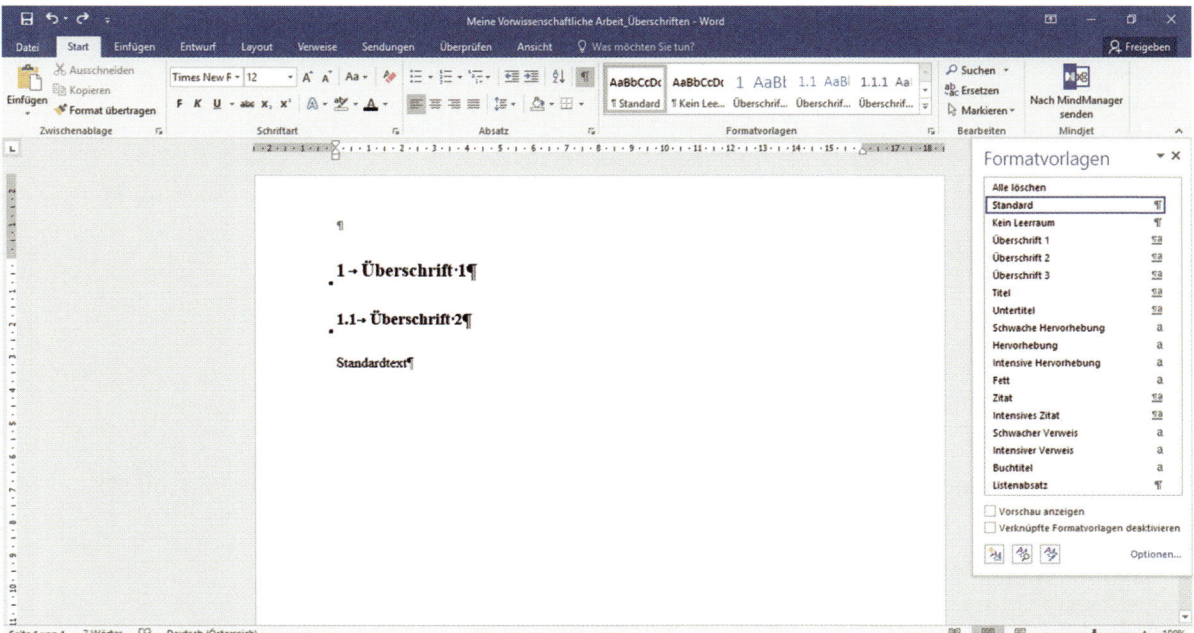

Abbildung 19: Fertige Nummerierung der Überschriften

Abstract (gegebenenfalls **Vorwort**), **Literaturverzeichnis** (und gegebenenfalls **Abbildungsverzeichnis, Anhang**) sollen im Inhaltsverzeichnis automatisch auf der ersten Kapitelebene stehen (vgl. Kap. 6.1), jedoch im Gegensatz zu den Kapiteln des Textteils nicht (oder anders) nummeriert sein. Sofern eine Überschrift anders nummeriert werden soll, ist ein Abschnittsumbruch zu setzen.

Um dies zu erreichen, setzen Sie zunächst vor diesen Überschriften einen **Abschnittsumbruch** Nächste Seite (vgl. Abb. 10). Definieren Sie sie als **<Überschrift 1>**, dann werden sie in der Regel automatisch mit einer Kapitelnummer versehen. Wenn dies der Fall ist, **markieren Sie mit der Maus jede einzelne Kapitelüberschrift**, die nicht nummeriert sein soll, und klicken Sie, wie in Abb. 18 dargestellt, auf **Ohne**.

Sollte die Nummerierung der Einleitung (aus irgendeinem Grund) nicht mit 1 beginnen, markieren Sie mit dem Cursor die als **<Überschrift 1>** definierte Einleitungsüberschrift und klicken Sie im sich öffnenden Fenster auf den Button **Nummerierung**. Dort können Sie nicht nur das Format der Nummerierung definieren, sondern auch gegebenenfalls ganz unten den **Nummerierungswert festlegen**.

✳ **Fußnoten einfügen**

Wählen Sie im Menü **Verweise** den Button **Fußnote einfügen**. Ihre Fußnoten werden automatisch nummeriert und in der Fußzeile der jeweiligen Seite abgebildet. **Jede Fußnote beginnt mit einem Großbuchstaben und endet mit einem Punkt.**

✳ **Beschriftungen von Abbildungen, Tabellen etc. einfügen**

Markieren Sie durch einen einfachen Mausklick die Abbildung bzw. die Tabelle und klicken Sie im Menü **Verweise** unter dem Submenü **Beschriftung** auf den Button **Beschriftung einfügen**. Wählen Sie im sich nun öffnenden Fenster unter **Bezeichnung** den Typ Abbildung.[35] Setzen Sie im Fenster **Beschriftung** nach der Ordnungszahl einen Doppelpunkt und fügen Sie dann den Beschriftungstext ein.

---

35 Alle Arten von Abbildungen (Grafiken, Tabellen etc.) kommen somit in das Abbildungsverzeichnis, sofern nicht ein eigenes Tabellenverzeichnis o. Ä. verlangt wird.

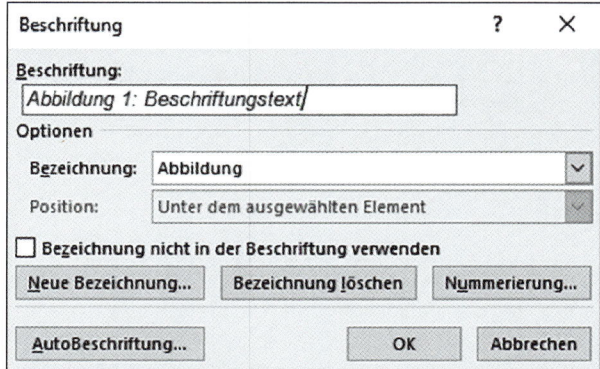

Abbildung 20: Beschriftungen vom Typ Abbildung

Stellen Sie die Nummerierung im Untermenü **Nummerierung** ein und bestätigen Sie mit OK.

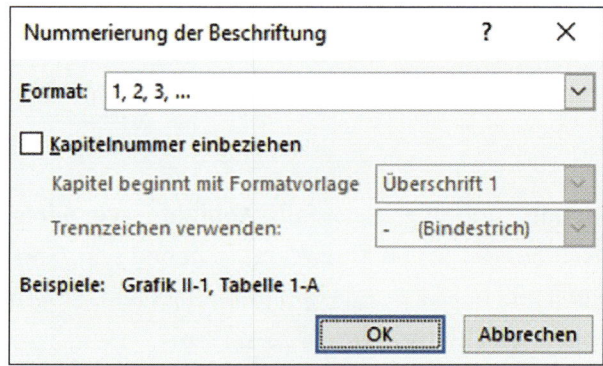

Abbildung 21: Nummerierung der Beschriftungen

Wenn Abbildungen bzw. Tabellen zu groß für eine hochformatige Darstellung sind, können Sie sie querformatig abbilden. Sie sollten dann so angeordnet sein, dass die Oberseite einer quergestellten Abbildung nach links weist. Fügen Sie die Abbildung zwischen zwei Abschnittsumbrüchen auf Nächste Seite (vgl. Abb. 10) ein.

✳ Seitenzahlen einfügen und Seitennummerierung einrichten

Führen Sie am Ende des Titelblatts einen manuellen **Abschnittsumbruch** Nächste Seite durch (vgl. Abb. 10). Klicken Sie im Menü **Einfügen** auf **Seitenzahl** und auf Seitenende.[36] Wählen Sie die gewünschte Darstellung und Position der Seitenzahl. Die Seitenzahl erscheint dann – wie gewünscht – in der Kopf- oder Fußzeile. Sobald Sie wieder im Hauptfenster sind, können Sie durch Doppelklick auf die Kopf- oder Fußzeile dieses Menü **Kopf- und Fußzeilentools** wieder öffnen.

Damit das Titelblatt nicht nummeriert wird und der Abstract als Seite 1 beginnt, gehen Sie in diesem Menü folgendermaßen vor: Gehen Sie mit dem Cursor auf das Titelblatt, klicken Sie links auf den Button **Seitenzahl** und dann auf den Unterpunkt **Seitenzahlen formatieren**.

---

36 Bei Verwendung einer Kopfzeile empfiehlt sich die Anordnung am Seitenanfang und rechts.

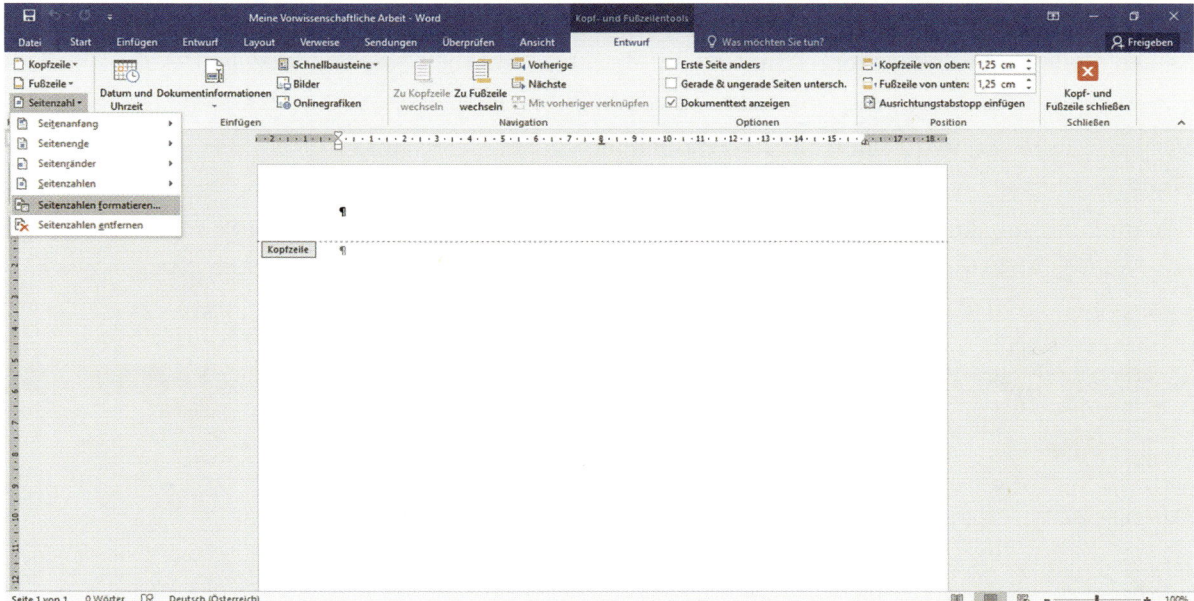

Abbildung 22: Menü Kopf- und Fußzeilentools für die Seitenzahlformatierung

Wählen Sie im sich öffnenden Fenster das Zahlenformat 1, 2, 3 und als Seitennummerierung **Beginnen bei 0**. Das Titelblatt beginnt nun mit 0, das Abstract folgt auf Seite 1.

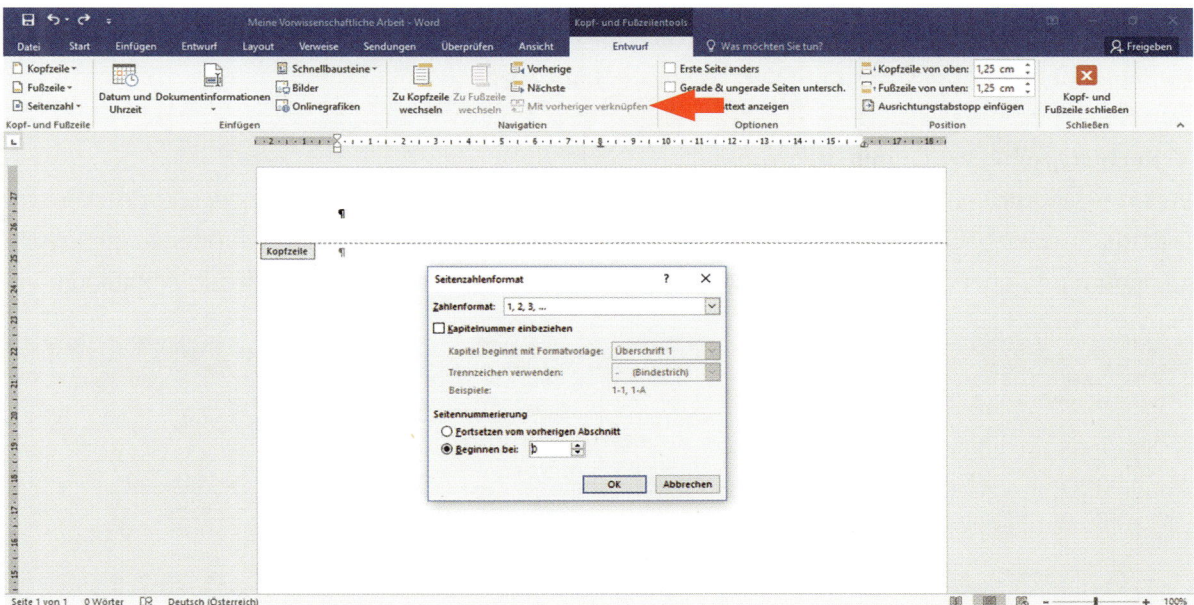

Abbildung 23: Seitennummerierung

Gehen Sie dann mit dem Cursor auf die erste Seite, die nummeriert wird, also das Abstract, deaktivieren Sie den Button **Mit vorheriger verknüpfen** (vgl. den Pfeil in Abb. 23) und löschen Sie abschließend die Seitenzahl 0 auf dem Titelblatt.

Da auch die **Selbstständigkeitserklärung** ganz zum Schluss der Arbeit nicht nummeriert sein soll, gehen Sie ebenso vor: Platzieren Sie den Cursor auf der Seite, deaktivieren Sie den Button **Mit vorheriger verknüpfen** und löschen Sie die Seitenzahl. (Eine erneute Formatierung wie oben angeführt, vgl. Abb. 22, ist nicht notwendig.)

Schließen Sie den Vorgang durch **Kopf- und Fußzeile schließen**.

✳ Inhalts- und Abbildungsverzeichnisse einfügen

Setzen Sie vor dem **Inhaltsverzeichnis** einen Abschnittsumbruch Nächste Seite (vgl. Abb. 10). Platzieren Sie den Cursor auf der Seite, wo das Inhaltsverzeichnis erscheinen soll, klicken Sie im Menü **Verweise** links auf den Button **Inhaltsverzeichnis** (vgl. den Pfeil links in Abb. 24) und wählen Sie eines der vorgeschlagenen Inhaltsverzeichnisse, das Ihnen zusagt.

Beginnen Sie das **Abbildungsverzeichnis** auf einer neuen Seite nach dem Literaturverzeichnis ebenfalls mittels Abschnittsumbruch Nächste Seite (vgl. Abb. 10) und klicken Sie im Menü **Verweise** rechts oben auf das Icon **Abbildungsverzeichnis einfügen** (vgl. den Pfeil rechts in Abb. 24).

Abbildung 24: Verzeichnis einfügen

✳ Aktualisierung von Verzeichnissen

Sie sollten regelmäßig (jedenfalls vor der letzten Speicherung!) alle Verzeichnisse (Inhaltsverzeichnis, Abbildungsverzeichnis, Beschriftungen etc.) aktualisieren.

Gehen Sie mit dem Cursor auf das jeweilige Verzeichnis und klicken Sie die rechte Maustaste. Im sich öffnenden Fenster klicken Sie auf den Button **Felder aktualisieren**. (Alternativ können Sie auch folgendermaßen vorgehen: Platzieren Sie den Cursor auf dem jeweiligen Verzeichnis und klicken Sie im Menü **Verweise** auf das Icon **Inhaltsverzeichnis** bzw. **Abbildungsverzeichnis aktualisieren**.) Sie sollten dabei immer das **Gesamte Verzeichnis** aktualisieren.

✳ Rechtschreib- und Grammatikprüfung

Im Menü **Überprüfen** finden Sie links den Button **Rechtschreibung und Grammatik** oder Sie drücken einfach auf F7. Hier haben Sie die Möglichkeit, die für das Wörterbuch unbekannten Wörter zu ignorieren, zu ändern und/oder diese ins Wörterbuch aufzunehmen. Sie können hier auch die Grammatik prüfen.

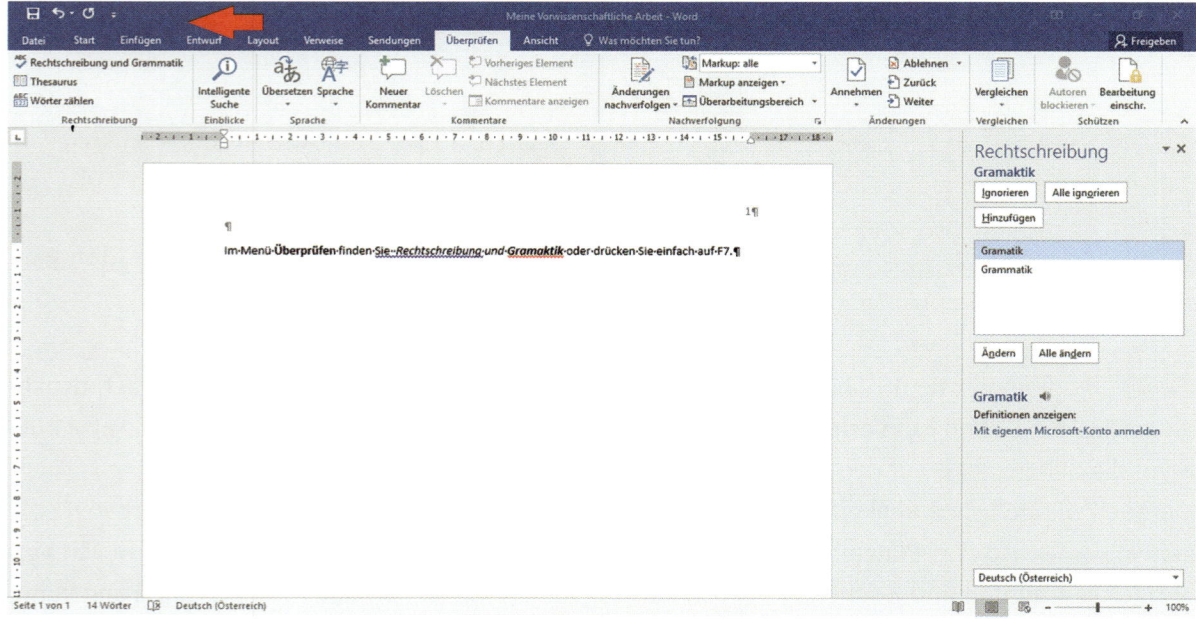

Abbildung 25: Rechtschreib- und Grammatikprüfung

Klicken Sie im Menü **Datei** auf **Optionen** und dann auf den Unterpunkt **Dokumentprüfung**. Dort können Sie Autokorrekturen aktivieren bzw. ändern.

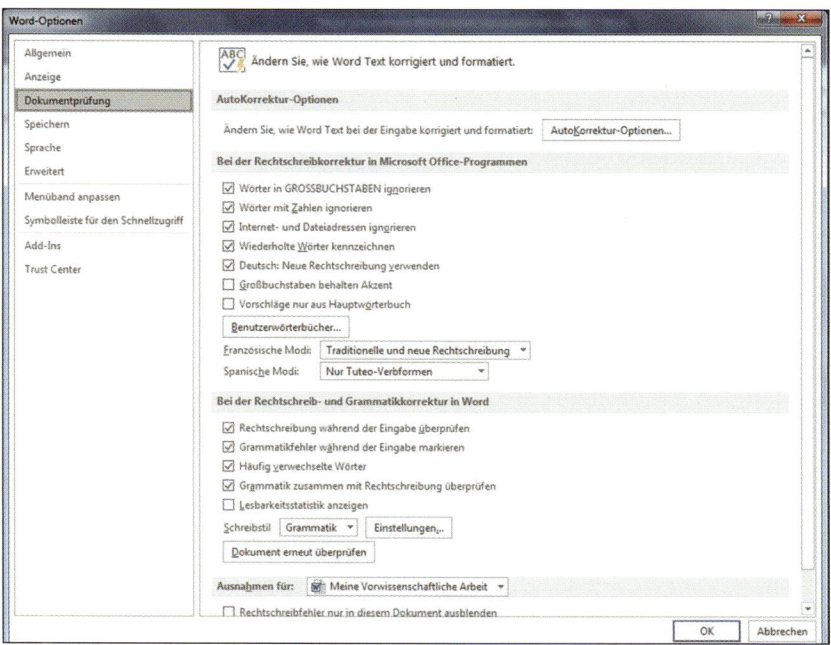

Abbildung 26: Autokorrekturen

Aktivieren Sie **Rechtschreibung während der Eingabe überprüfen**, dann werden im Text unbekannte oder falsch geschriebene Wörter rot unterstrichen. Somit können Sie bereits bei der Eingabe Ihres Textes die Rechtschreibung kontrollieren.

6.3 Schreibarbeit

Man kann durchaus flüssig und auch pointiert formulieren, ohne dabei umgangssprachliche Wendungen oder einen allzu saloppen Ton zu gebrauchen. Abgesehen von Irritationen, die ein nicht wissenschaftlicher und inadäquater Stil beim Lesen hervorruft, erwecken plump gewählte Ausdrücke und Formulierungen bei Betreuungspersonen eher den Eindruck, Sie hätten Sachlichkeit und wissenschaftlichen Ernst vermissen lassen.

Seien Sie sich dessen bewusst, dass in der Regel die erste sprachliche Formulierung das Gedachte nicht in idealer Form verbalisiert. Lassen Sie sich davon aber nicht zurückhalten! Bringen Sie Ihre Gedanken in einer **ersten Rohfassung „ungefiltert"** aufs Papier und kümmern Sie sich erst in der Überarbeitungsphase um die Verbesserung Ihres Stils. Erst durch **mehrfache Überarbeitungen** und Ergänzungen wird der Stil Ihrer Arbeit einem wissenschaftlichen Niveau gerecht werden.

Gelegentlich auftretende **Schreibblockaden** sind nichts Ungewöhnliches. Was die emotionale Komponente des eigenständigen Arbeitsprozesses betrifft, so werden auch Ausdauer, Konsequenz und Geduld auf die Probe gestellt. Wenn Ihnen einmal alles zu viel wird, dann gönnen Sie sich eine **Pause** und gehen Sie zurück zu Ihrer **Fragestellung**. Ob Sie thematisch am richtigen Weg sind, können Sie am besten dadurch überprüfen, ob das, was Sie gerade tun, zur Beantwortung dieser Frage beiträgt.

> **TIPP:** Eine gute Methode zur Auflösung von **Schreib- oder Denkblockaden** sind Gespräche; und zwar weniger therapeutische, sondern inhaltliche. Erzählen Sie einer guten Freundin, was Sie vorhaben, worum es in Ihrer Arbeit geht und wie Sie bereits Gelesenes oder Überlegtes analysieren und argumentieren. Lassen Sie dabei bewusst inhaltliche Fragen von Ihrem Gegenüber zu und stellen Sie fest, ob Ihre Ausführungen auf Interesse bzw. Verständnis stoßen. Sie werden sehen, dass das sehr hilfreich sein kann.

Beachten Sie bei der Textformulierung:

Klare Sprache: Verwenden Sie eine neutrale, sachliche, verständliche Sprache und bevorzugen Sie kurze Sätze gegenüber komplizierten Schachtelsätzen.

Logischer Aufbau: Bemühen Sie sich um eine konsistente Argumentationskette von der Fragestellung bis hin zu ihrer Beantwortung. Stellen Sie Zusammenhänge zwischen Ihren Absätzen und Kapiteln her, verknüpfen Sie sie durch Wendungen wie *„daraus folgt"*, *„wie bereits erwähnt"*, *„damit/somit"*, *„im Gegensatz dazu"*, *„bezugnehmend auf"*.

Objektivität/Ich-Bezug: Im Vordergrund wissenschaftlicher Arbeiten stehen klar nachvollziehbare Sachverhalte, Argumentationen und Begründungen, nicht aber Ihre persönliche Meinung. Vermeiden Sie deshalb die „Ich"-Form (*„ich denke"*, *„ich bin der Meinung"* …) – mit Ausnahme des Vorworts, wo Platz ist für persönliche Zeilen.

Gendergerechte Formulierungen: Die Verwendung einer gendergerechten Schreibweise sollte mittlerweile selbstverständlich sein. Möglich ist die Verwendung der „vollständigen Paarform" (*„Schülerinnen und Schüler"*), der „Sparschreibung" mittels Schrägstrich (*„Schüler/innen"*) oder Binnen-I (*„SchülerInnen"*) oder eine neutrale Form (*„Betreuungsperson"*).[37] Mischen Sie die Formen aber nicht, sondern entscheiden Sie sich für eine und verwenden Sie diese durchgehend.

Vermeiden Sie:

Wiederholungen: Der in den meisten Textverarbeitungsprogrammen enthaltene „Thesaurus" schlägt zu den von Ihnen eingegebenen Wörtern Synonyme (bedeutungsgleiche Wörter) vor.

Dass-Sätze: Häufig sind Arbeiten mit dass-Sätzen überfrachtet. Dies können Sie vermeiden, indem Sie in dass-Konstruktionen den einleitenden Satzteil auf ein einziges Wort reduzieren (nicht: *„Es ist bekannt, dass …"*, sondern: *„Bekanntlich …"*; nicht: *„Es ist offensichtlich, dass …"*, sondern: *„Offensichtlich …"*).

„soll": Setzen Sie dieses Wort nur äußerst sparsam ein (nicht: *„Im nächsten Kapitel soll untersucht werden …"*, sondern: *„Im nächsten Kapitel wird untersucht …"*).

---

37 Vgl. BMB 2016b.

Alltagssprachliche Stilmittel:[38]

- Unseriöse Wendungen (*„Es ist wohl logisch, dass …"*, *„Das leuchtet selbstverständlich ein."*)
- Das anonyme *„man"* oder *„es"* (*„so sagt man"*, *„es wird festgestellt"*)
- Superlative, die den Eindruck vermitteln sollen, man hätte gerade etwas unglaublich Bedeutsames herausgefunden (*„Ein unglaublich falscher Ansatz."*, *„Das ist sicher die optimalste Alternative."*, *„Was sich somit als einzig richtiges Modell herausstellt."*)
- Künstliche Überhöhungen (*„enorm"*, *„erheblich"*, *„immens"*)
- Abwertende Adverbien, die den dahinter stehenden Satz als gerade noch erwähnenswert und damit unwichtig erscheinen lassen (*„übrigens"*, *„irgendwie"*, *„eigentlich"*)
- Gedankenlücken (*„Nun, dann widmen wir uns dem nächsten Aspekt."*)
- Füllwörter (*„natürlich"*, *„selbstverständlich"*, *„an und für sich"*, *„gewissermaßen"*, *„sozusagen"*)

6.4 Kontrolle und Abgabe

Bevor Sie Ihre Arbeit abgeben, kontrollieren und korrigieren Sie sie sorgfältig. Planen Sie dafür genügend Zeit ein!

> TIPP: Verwenden Sie das Rechtschreibprogramm, aber verlassen Sie sich nicht zu sehr darauf. Lesen Sie die letzte Version Ihrer Arbeit mindestens zwei Mal selbst und lassen Sie sie auch von einer außenstehenden Person korrigieren, um alle inhaltlichen, sprachlichen und formalen Aspekte zu kontrollieren.

Inhaltlich und sprachlich:

- Sind Ihre Kapitel logisch aufgebaut, zieht sich ein „roter Faden" durch Ihre Arbeit?
- Haben Sie die Prinzipien des wissenschaftlichen Arbeitens und des wissenschaftlichen Stils beachtet?
- Ist Ihre Arbeit frei von Rechtschreib-/Grammatik-/Satzzeichenfehlern?

Formal:

- Umfasst Ihre Arbeit alle notwendigen Bausteine und sind diese vorschriftsmäßig formatiert?
- Stimmt die Seitennummerierung Ihrer Arbeit?
- Sind alle Textbausteine und Kapitel im Inhaltsverzeichnis angeführt?
- Stimmt der Wortlaut der Überschriften im Inhaltsverzeichnis exakt mit jenem im Fließtext überein? Sind die Kapitel exakt auf der Seite zu finden, die im Inhaltsverzeichnis angeführt ist?
- Sind die Kapitel fortlaufend durchnummeriert?
- Sind alle Kapitel derselben Hierarchie gleich layoutiert?
- Sind die Abstände vor bzw. nach Kapitelüberschriften und Abbildungen einheitlich?
- Sind die Abbildungen richtig durchnummeriert? Finden sich alle Abbildungen plus deren Quelle im Abbildungsverzeichnis?
- Ist das Literaturverzeichnis vollständig und sind die Einträge alphabetisch geordnet?
- Haben Sie immer dieselbe Form der Zitation und dieselbe Form der gendergerechten Schreibweise verwendet (Stichwort Einheitlichkeit)?
- Stehen alle Fußnoten auf der richtigen Seite?

---

38 Vgl. Theisen 2013: 154ff.

Die **fertige Arbeit inkl. dem Begleitprotokoll** müssen Sie zweifach in (einseitig) ausgedruckter und gebundener Form bei Ihrer Betreuungsperson **abgeben** und zusätzlich digital als pdf-Datei auf die Genehmigungsdatenbank unter https://genehmigung.ahs-vwa.at hochladen, und zwar in der 8. Klasse in der ersten Unterrichtswoche nach den Semesterferien.

ÜBUNGSAUFGABEN

- Legen Sie in Ihrem Textverarbeitungsprogramm eine Formatvorlage an, entweder nach den Richtlinien Ihrer Schule oder nach den in diesem Buch angeführten Richtlinien.

- Gestalten Sie das Titelblatt nach den formalen Vorgaben (vgl. Kap. 6.1, Beispiel Titelblatt).

- Erstellen Sie eine Rohfassung des Inhaltsverzeichnisses. Führen Sie vor allem alle Bestandteile an, die obligatorisch sind (Abstract, Einleitung etc., vgl. Kap. 6.1, Beispiel Inhaltsverzeichnis), und benennen sie Kapitel, für die Sie noch keine Überschrift haben, der Einfachheit halber mit „Kapitel 1", „Kapitel 2" etc.

- Schreiben Sie einen ersten Entwurf Ihrer Einleitung. Dieser Entwurf muss nicht perfekt sein, Sie können ihn später immer noch ändern und optimieren.

ODER KURZ GESAGT …

Wie für jede wissenschaftliche Arbeit gelten auch für die VWA ganz bestimmte inhaltliche und formale Vorschriften. Achten Sie bei Aufbau, Gliederung und Layout auf die korrekte und einheitliche Gestaltung. Verfassen Sie die Arbeit in einem sachlichen, neutralen Stil und halten Sie sich an die Prinzipien des wissenschaftlichen Schreibens.

7 Präsentation und Diskussion

- Wie lange soll die Präsentation dauern?
- Wie sieht eine gute PowerPoint-Folie aus?
- Welche Fragen kann ich bei der Diskussion erwarten?

Den Abschluss des Prüfungsbereichs „Vorwissenschaftliche Arbeit" stellt die Präsentation und Diskussion Ihrer VWA vor der Prüfungskommission dar, den Termin dafür legt die Schulbehörde erster Instanz fest. Ihre Aufgabe besteht darin, die **relevanten inhaltlichen Teilbereiche** Ihrer Arbeit vorzustellen, erwartet wird also ein **Problemaufriss**, nicht bloß eine Inhaltsangabe. Es stehen Ihnen insgesamt **10 bis 15 Minuten** zur Verfügung, wobei die Diskussion den überwiegenden Teil einnehmen soll, das entspricht also ca. 4 bis 7 Minuten Präsentation plus 6 bis 8 Minuten Diskussion. Wenn Sie die VWA in einer lebenden Fremdsprache verfasst haben, können Präsentation und Diskussion mit Zustimmung aller Kommissionsmitglieder in dieser Fremdsprache abgehalten werden.[39]

In der Situation einer Präsentation stehen nicht nur Ihre Arbeitsergebnisse, sondern auch Sie selbst im Blickpunkt der Zuhörenden. Hier sind **Kompetenzen auf drei Ebenen** gefragt, nämlich auf der fachlichen, methodischen und sozialen Ebene – schließlich müssen Sie ja Überzeugungsarbeit leisten und die Zuhörenden für Ihr Thema interessieren.

Richtiges **Präsentieren muss** natürlich **erlernt werden**, um Fehler wie monotones Ablesen des Vortrags, zu schnelles Sprechen oder unzureichenden bzw. überladenen Einsatz visueller Hilfsmittel zu vermeiden. Nutzen Sie die Erfahrungen, die Sie im Lauf Ihrer Schulzeit etwa bei Referaten bereits gesammelt haben. Nach Abgabe Ihrer VWA findet außerdem ein **letztes Beratungsgespräch** mit Ihrer Betreuungsperson statt, bei dem Sie Rückmeldung zur schriftlichen Arbeit (aber noch keine Note, vgl. Kap. 8) und vor allem wichtige Hinweise für die Präsentation erhalten.

7.1 Den Inhalt der VWA präsentationsreif machen

Bevor Sie damit beginnen, Ihre Präsentation auszuarbeiten, beachten Sie folgende Hinweise:

- Überlegen Sie im Rahmen einer Zielanalyse, welche **Kerninhalte** Sie vermitteln wollen und welche **Medien** Sie dafür einsetzen möchten und können.
- Präsentieren Sie nicht die gesamte Arbeit, sondern konzentrieren Sie sich auf die **wesentlichen Aspekte** und lassen Sie unwichtige Details aus.
- Stellen Sie eine **Gliederung** Ihrer Präsentation an den Anfang, um den Zuhörenden Ihr Gesamtkonzept zu vermitteln.

---

39 Vgl. BMB 2016a: 15f.

- Vor allem die von Ihnen **vorgetragenen Informationen und Erläuterungen** sind wichtig, nicht nur der Text auf den Folien. Achten Sie auf eine möglichst passende Visualisierung der Inhalte.
- **Proben** Sie den vollständigen Vortrag (inkl. den zum Einsatz kommenden Folien, Flipcharts etc.) unbedingt im Voraus, idealerweise vor einem Test-Publikum, und lassen Sie sich Feedback dazu geben. Die Proben helfen auch bei der Einschätzung der Vortragslänge.
- Halten Sie die **Zeitvorgabe** unbedingt ein!

Von entscheidender Bedeutung ist der **Aufbau Ihrer Präsentation**. Eine gute Präsentation ist wie eine gute Geschichte: Sie hat einen Beginn, einen Höhepunkt (im Hauptteil) und ein Ende – und sie ist spannend.

✳ Beginn

Nehmen Sie sich Zeit für einen guten Beginn. Der erste Eindruck auf die Zuhörenden sollte möglichst positiv ausfallen, denn das macht später vieles leichter. Überlegen Sie sich einen Einstieg, mit dem Sie **Aufmerksamkeit** erzeugen können und die **Neugier** der Zuhörenden wecken. Das kann eine (mitunter auch irritierende) Frage sein, ein Gegenstand, ein aktueller Bezug, vielleicht auch eine humorvolle Einleitung.

Welchen Einstieg Sie auch immer wählen, sprechen Sie jedenfalls folgende Punkte zu Beginn an:
- Begrüßen Sie die Zuhörenden (am besten mit „Sehr geehrte Damen und Herren!").
- Stellen Sie sich mit Namen vor.
- Nennen Sie Ihr Thema.
- Geben Sie eine kurze und prägnante Übersicht über den Ablauf Ihrer Präsentation und verweisen Sie gegebenenfalls auf die Handouts (wir empfehlen, Handouts gleich zu Beginn auszuteilen).

> **BEISPIEL:** Beginn einer Präsentation
>
> Sehr geehrte Damen und Herren, wer gibt mehr Geld für Markenprodukte aus – Mädchen oder Jungen? Mein Name ist Max Maier und das ist eine der Fragen, die ich im Rahmen meiner VWA untersucht habe. Ich werde Ihnen nun kurz meine Fragestellung erläutern, dann auf den Begriff Marke eingehen und anschließend die Methodik und die Ergebnisse meiner empirischen Untersuchung präsentieren.

✳ Hauptteil
Der Hauptteil wird untergliedert in:[40]
- *Literatur/Theorie*: Fassen Sie die Inhalte zusammen, die Sie aus den wissenschaftlichen Quellen zusammengetragen haben, und führen Sie Definitionen von zentralen Begriffen an.
- *Empirische Untersuchung*: Wenn Sie eine eigene Studie durchgeführt haben, erläutern Sie Ihre Erhebungsmethode und Datenauswahl.
- *Ergebnisse*: Egal ob mit oder ohne Empirie – präsentieren Sie die zentralen Ergebnisse Ihrer VWA und die Antwort(en), die Sie auf Ihre Fragestellung gefunden haben.

---

40 Vgl. Rheindorf 2014: 104.

Es gibt unterschiedliche **rhetorische Mittel**, um die Aufmerksamkeit der Zuhörenden zu fesseln:[41]

- *Übergänge:* Weisen Sie auf Übergänge von einem Abschnitt zum anderen explizit hin: *„So viel also zur Definition des Markenbegriffs. Ich komme nun zu den Einflüssen des Web 2.0 …"*
- *Brücken*: Zuhörende schätzen es, in Ihrem Vortrag etwas zu finden, das sie bereits kennen. Das kann etwas sein, was Sie ihnen schon vorher berichtet haben, ein Verweis auf Schulwissen oder alltägliche Erfahrungen: *„Beispiele für große, erfolgreiche Marken kennen wir alle …"*
- *Highlights*: Heben Sie die Höhepunkte Ihres Vortrags heraus, entweder indem Sie explizit darauf hinweisen: *„Dieser Punkt ist besonders wichtig!"* oder durch ein markantes Beispiel, eine ungewöhnliche Folie oder die Demonstration eines ungewöhnlichen Gegenstandes.
- *Fragen*: Fragen sind ein interaktives Element und erzeugen Aufmerksamkeit: *„Haben Sie sich schon einmal gefragt, welche Marken von Mädchen bevorzugt werden?"* Beantworten Sie die Frage nach einer kurzen Pause aber selbst, schließlich wollen sich die Zuhörenden nicht testen lassen.
- *Beispiele:* Beispiele stellen einen Bezug zur Praxis her, sie sollten möglichst konkret und anschaulich sein: *„Am Beispiel von Yeezy kann man sehr schön sehen …"*
- *Vergleiche*: Vergleiche bewirken einen Perspektivenwechsel: *„Wenn man den Einfluss des Web 2.0 auf Marken mit dem des Fernsehens 50 Jahre davor vergleicht …"*
- *Ungewöhnliches*: Alles, was aus dem Rahmen fällt, erregt Aufmerksamkeit. Sie sollten also nach ungewöhnlichen und unerwarteten Aspekten Ihres Themas suchen: *„Im Bereich Körperpflege sind Marken auch den Jungen wichtig!"*
- *Zahlen, Daten und Fakten*: Denken Sie daran, dass gerade die erstaunlichsten Daten und Fakten am ehesten im Gedächtnis bleiben: *„Bemerkenswerte 90% meiner Befragten stimmen dieser Aussage zu."*

✴ Schluss

Es ist wie im Sport: Der Endspurt kann entscheidend sein. Legen Sie deshalb auf den Schluss genauso viel Wert und Aufmerksamkeit wie auf den Beginn und sprechen Sie folgende Punkte an:

- *Zusammenfassung und Fazit*: Fassen Sie das Gesagte noch einmal kurz und prägnant zusammen und ziehen Sie ein Fazit. Führen Sie an dieser Stelle keine neuen Informationen mehr an.
- *Dank und Eröffnung der Diskussion*: Bedanken Sie sich bei den Zuhörenden für die Aufmerksamkeit und eröffnen Sie die Diskussion: *„Damit bin ich am Ende meiner Präsentation angelangt. Ich bedanke mich für Ihre Aufmerksamkeit und stehe jetzt für Fragen sehr gerne zur Verfügung."*

Vortragsunterlagen

Lernen Sie den Text des Vortrags niemals auswendig und verwenden Sie auch keinen Ausdruck der vollständigen Rede. Üben Sie den Vortrag besser einige Male anhand von einseitig beschrifteten **Stichwortzetteln**. (Falls Sie mit Folien arbeiten, drucken Sie diese einfach in einem kleinen Format aus und notieren Sie darauf die wichtigsten Stichworte zu den einzelnen Folien.) Damit Sie in der Aufregung das gesuchte Wort schnell finden, beschriften Sie die Zettel nicht eng und unleserlich, sondern platzieren Sie die Stichwörter deutlich, lassen Sie genügend Abstand, arbeiten Sie mit verschiedenen Größen und Farben und nummerieren Sie die Zettel durch.[42]

---

41 Vgl. Stangl 2017.
42 Vgl. Müller 2014: 138.

Handout

Ein Handout ist kein Muss, es fördert aber die Überzeugungswirkung Ihrer Präsentation. Es enthält die zentralen Punkte Ihres Vortrags und dient damit als Gedankenstütze. Verteilen Sie Ihr Handout vor der Präsentation und geben Sie damit den Zuhörenden die Möglichkeit, Notizen zu machen und Fragen zu notieren.

Beachten Sie dabei folgende Regeln:[43]

- *Pflichtbestandteile*: Name von Verfasserin/Verfasser, Betreuungsperson, Fach, Titel der VWA, Datum der Präsentation
- *Formale Vorgaben*: max. 1 DIN A4-Seite lang, Maschinenschrift (nicht handschriftlich!)
- *Inhaltliche Vorgaben*: folgt der Gliederung Ihres Vortrags, enthält nur die Kerninhalte, in Stichwörtern verfasst – keine ganzen Sätze

---

BEISPIEL: Handout

> Verfasser: Max Maier
> Betreuungsperson: Prof. Mag. Anna Paul
> Fach: Vorwissenschaftliche Arbeit – Präsentation
>
> 11. 4. 2019
>
> ## Das Markenbewusstsein bei Jugendlichen im Geschlechtervergleich
>
> Welches Markenbewusstsein haben die Jugendlichen von heute und gibt es dabei Unterschiede zwischen Mädchen und Jungen?
>
> **Theoretische Fundierung**[44]
> - Definition des Markenbegriffs
> - Marken im Wandel – Einflüsse von Web 2.0
> - Kennzeichen starker Marken
>
> **Methodenwahl**
> - Schriftliche Befragung von 50 Jugendlichen am Realgymnasium XYZ
>
> **Ergebnisse der Befragung**
> - [Für die Bereiche Kleidung, Ernährung, IT jeweils 1 aussagekräftige Grafik]
>
> **Fazit**
> - [Kurze Zusammenfassung der Ergebnisse]

---

43 Vgl. Henz 2016: 111.
44 Zitieren Sie im Handout gegebenenfalls auch die Quellen Ihres Theorie-Teils (vgl. Rheindorf 2014: 104).

7.2   Medieneinsatz und Foliengestaltung

Denken Sie bereits bei der Vorbereitung Ihrer Präsentation an das Publikum Ihres Vortrages. Der Mensch nimmt die meisten Informationen, nämlich etwa 83 %, über die Augen auf. Als Faustregel für die **Merkfähigkeit von Inhalten** gilt: 20 % Hören, 30 % Sehen, 50 % Hören *und* Sehen.

Für die **visuelle Unterstützung** Ihrer Präsentation stehen unterschiedliche Medien zur Verfügung: Tafel, Flipcharts, ein Poster, Overhead-Folien, PowerPoint-Folien (in der Mehrheit der Fälle) etc. Die **Wahl des Mediums** bleibt Ihnen überlassen. Sie kann ein Alleinstellungsmerkmal sein und Ihre Präsentation von anderen abheben (wenn Sie z. B. ein außergewöhnliches Tafelbild entstehen lassen), sie hängt aber von Ihrem Thema und auch von Ihrer Person ab, denn Sie müssen mit dem Medium umgehen können und sich damit wohlfühlen (wenn Sie also nicht gut zeichnen können, sollten Sie – Alleinstellungsmerkmal hin oder her – von einem aufwändigen Tafelbild Abstand nehmen.)

> **TIPP:** Für welches Medium Sie sich auch entscheiden: Es dient zur **Unterstützung des Vortrags** und muss den Inhalt transportieren, es darf **nicht** davon **ablenken**!

Tipps zur Foliengestaltung[45]

- *Anzahl*: ca. fünf bis sieben Folien sind ausreichend
- *Übersichtlichkeit:* sparsame und strukturierte Darstellung, Folien nicht überladen, Stichwörter statt langer Sätze, Gliederungsfolie am Beginn
- *Einheitlichkeit*: eine Überschrift für jede Folie, einheitliche Anordnung von Text- und Bildelementen, einheitliche Schriftart
- *Schrift:* gut lesbare, am besten serifenlose Schrift verwenden (Arial, Verdana, Calibri etc.); Größe mind. 16 Punkt (auf Lesbarkeit in sechs bis acht Metern Entfernung achten!); Auszeichnungen wie fett, kursiv, unterstrichen sparsam einsetzen
- *Farbgestaltung:* nicht mehr als drei bis vier verschiedene Farben, keine grellen Farben, keine Animationen
- *Korrektheit*: inhaltliche und orthographische Fehler unbedingt vermeiden

---

45 Für die Gestaltung von Folien empfehlen wir Microsoft PowerPoint bzw. Keynote auf dem Apple Mac, vgl. Video-Tutorial für die Erstellung einer Präsentation mit PowerPoint unter https://www.youtube.com/watch?v=43wg411m4aI [14.2.2018] bzw. mit Keynote unter https://www.youtube.com/watch?v=JX9KDsoQfJo [14.2.2018].

BEISPIEL: Foliengestaltung

Schlecht

Gut

7.3 Vortrag

Kurz vor dem Start:

- *Einstimmung*: Seien Sie pünktlich. Denken Sie nicht mehr an den Vortrag und lesen Sie nicht in Ihren Unterlagen, sondern stimmen Sie sich in Ruhe ein (durch Atemübungen, Lockerung der Kiefermuskulatur, Klopfen auf das Brustbein etc.).
- *Unterlagen prüfen*: Überprüfen Sie nochmals, ob Sie alle nötigen Hilfsmittel (Handouts, Folien etc.) bei der Hand haben.

● *Erscheinungsbild*: Achten Sie darauf, dass mit Ihrer (angemessenen!) Kleidung alles in Ordnung ist. Signalisieren Sie, dass Sie sich freuen, etwas Interessantes mitteilen zu können, und schenken Sie den Zuhörenden ein freundliches Lächeln.

● *Handout*: Teilen Sie Ihr Handout aus – dann beginnen Sie mit Ihrer Präsentation.

Während der Präsentation:[46]

● *Klare Sprache*: Sprechen Sie klar, laut und deutlich, nicht zu schnell, in gehobener Standardsprache und in freier Rede.

● *Körpersprache*: Achten Sie auf die Wirkung Ihrer Gestik und Mimik. Offene Hände, ein freundliches Gesicht und ein ruhiger, stetiger Blick rufen positive Assoziationen bei den Zuhörenden hervor, verschränkte Arme wirken eher distanziert. Wenden Sie den Zuhörenden nicht Ihren Rücken zu.

● *Hände*: Sie wirken handlungsbereiter und engagierter, wenn Sie Ihre Hände in Hüfthöhe, dem sogenannten neutralen Bereich, halten. Dabei kann es hilfreich sein, etwas in Händen zu halten, etwa Ihre Stichwortzettel oder einen Kugelschreiber. Wer ohne diese Hilfsmittel auskommen will, kann die Arme abwinkeln oder eine Hand in die andere legen.

● *Blickkontakt*: Stellen Sie beim Reden öfter Blickkontakt zu den Zuhörenden her.

● *Zuhörende führen*: Zeigen Sie während des Vortrags auf Texte und Grafiken, um den Blick der Zuhörenden zu führen. Entweder mit einem genügend spitzen Gegenstand direkt auf der Folie (bei Overhead) oder mit einem Zeigestab (Laserpointer) an der Projektionsfläche.

● *Hilfe beim Steckenbleiben*: Es gibt verschiedene Möglichkeiten, um Zeit zu gewinnen: rhetorische Fragen stellen, den letzten Satz wiederholen, eine Zusammenfassung bringen etc.

● *Fragen*: Gehen Sie auf Fragen der Zuhörenden während des Vortrags immer ein und reagieren Sie nie abweisend oder unwirsch. Falls die Fragen überhand nehmen und die Zeit für unverzichtbare Teile des Vortrags knapp wird, teilen Sie dies den Zuhörenden mit und bitten Sie darum, weitere Fragen erst nach dem Vortrag zu stellen.

> TIPP: Um Lampenfieber zu reduzieren, bereiten Sie Ihre Präsentation sorgfältig vor, üben Sie den Vortrag, versuchen Sie sich vor dem Start zu entspannen und atmen Sie tief und gleichmäßig.

7.4 Diskussion

Im Anschluss an Ihre Präsentation folgt die Diskussion, bei der Sie allfällige **Fragen** Ihrer Betreuungsperson und der Prüfungskommission **verständlich und inhaltlich korrekt beantworten** sollen. Es geht keineswegs darum, Sie auf Herz und Nieren zu prüfen. Sie sollen vielmehr unter Beweis stellen, dass Sie auf Fragen zu Ihrem Thema spontan und kompetent antworten können. Die Fragen beziehen sich vorrangig auf Ihre schriftliche Arbeit und umfassen:

● *Fragen zur inhaltlichen Klärung bzw. Verständnisfragen* (z. B. zu Fachtermini oder wie Sie zu Ihrem Thema gekommen sind)

● *Fragen zur Vertiefung* (zur Herstellung von Bezügen bzw. zur Vernetzung)

● *Fragen zur Methodik und zur Arbeitsweise* (z. B. zu Ihrer Fragestellung, Literaturrecherche, Methodik)[47]

---

46 Vgl. Stangl 2017; Thiele 2001.
47 Vgl. BMB 2016a: 17.

TIPP: Wenn Sie eine Frage nicht verstehen, scheuen Sie sich nicht, nachzufragen („*Ich habe Ihre Frage nicht genau verstanden. Können Sie sie bitte präzisieren?*"). Weisen Sie auch darauf hin, wenn eine Frage auf einen Aspekt abzielt, den Sie nicht bearbeitet haben („*Mit diesem Aspekt habe ich mich leider nicht beschäftigt. Im Zuge der Themeneingrenzung habe ich mich auf die Aspekte x und y konzentriert.*") Und wenn Sie eine Frage zwar verstehen, Sie aus welchen Gründen auch immer aber nicht beantworten können, weisen Sie ohne Verzögerung darauf hin („*Es tut mir leid, ich kann diese Frage leider nicht beantworten. Können Sie mir bitte eine neue stellen?*").

ÜBUNGSAUFGABEN

- Erstellen Sie eine erste Gliederung Ihres Vortrags mit Beginn (Begrüßung, Vorstellung, Thema, Überblick), Hauptteil (Theorie, Empirie, Ergebnisse) und Schluss (Zusammenfassung, Dank) (vgl. Kap. 7.1).

- Skizzieren Sie fünf bis sieben Folien für Ihren Vortrag – welche Stichwörter sollen Sie enthalten (vgl. Kap. 7.2)?

ODER KURZ GESAGT ...

Bereiten Sie Inhalt und Aufbau Ihrer Präsentation gewissenhaft vor und überlegen Sie, welche visuellen Hilfsmittel sich zur Unterstützung Ihres Vortrags eignen. Wenn Sie ein Handout bzw. Folien verwenden, halten Sie sich an die diesbezüglichen Gestaltungsrichtlinien. Um Sicherheit zu gewinnen, üben Sie die Präsentation vor einem Test-Publikum. Haben Sie auch keine Angst vor der anschließenden Diskussion: Sie haben sich monatelang mit Ihrem Thema beschäftigt, SIE sind die Expertin bzw. der Experte!

8 Beurteilung

- Nach welchen Kriterien wird die VWA beurteilt?
- Zählt nur die schriftliche Arbeit?
- Was passiert, wenn die Präsentation negativ beurteilt wird?

Die Beurteilung der VWA setzt sich aus den drei Teilgebieten **schriftliche Arbeit**, **Präsentation** und **Diskussion** zusammen. Für diese drei Gebiete sind insgesamt **acht beurteilungsrelevante Kompetenzen** definiert, von denen **jede einzelne positiv** bewertet, also zumindest „überwiegend" erfüllt werden muss. Wird ein Kompetenzbereich nicht positiv bewertet, dann ist das Prüfungsgebiet VWA negativ zu beurteilen. Die einzelnen Kompetenzen werden durch Deskriptoren (= Diagnosekriterien) genauer bestimmt und voneinander abgegrenzt.[48]

Auf der Homepage des Bundesministeriums für Bildung, Wissenschaft und Forschung stehen eine unverbindliche Beurteilungshilfe und ein Beurteilungsraster zum Download zur Verfügung;[49] diese Dokumente unterstützen die Betreuungspersonen bei der Beurteilung und vermitteln auch Ihnen einen Überblick, was von Ihnen bzw. Ihrer Arbeit erwartet wird. Die Kompetenzen für die drei Teilgebiete und deren Deskriptoren sind:[50]

Schriftliche Arbeit:

- *Selbstkompetenz* (eigenständige Planung und Durchführung der Arbeitsschritte, Dokumentation)
- *Inhaltliche und methodische Kompetenz* (fachliche und methodische Korrektheit)
- *Informationskompetenz* (eigenständige Recherche, korrekte Quellenauswahl und Zitation)
- *Sprachliche Kompetenz* (angemessene Ausdrucksweise, klarer Aufbau, passender Einsatz von Zitaten, Beherrschung von Orthographie/Grammatik)
- *Gestaltungskompetenz* (korrekte Formatierung und Gliederung)

Präsentation:

- *Strukturelle und inhaltliche Präsentationskompetenz* (stringenter Aufbau, Fokus auf Kerninhalte)
- *Ausdrucksfähigkeit und Medienkompetenz* (angemessene Sprachform und Auswahl der Medien, kompetenter Umgang mit den Medien, freie Rede)

Diskussion:

- *Kommunikations- und Diskursfähigkeit* (fundierte und sachkompetente Antworten, logische Argumentation)

---

48 Vgl. BMB 2016c: 2f.
49 Unter dem Reiter „Downloads" auf https://bildung.bmbwf.gv.at/schulen/unterricht/ba/reifepruefung.html [14.2.2018].
50 Vgl. BMB 2016c: 2 und 4–7 sowie Pichler 2014: 17.

Nach der Korrektur der schriftlichen Arbeit und nach der Präsentation und Diskussion fasst die Betreuungsperson ihre Bewertungen dieser acht Kompetenzen zu einem Vorschlag für die **Gesamtbeurteilung** zusammen. Auf der Basis dieses Vorschlags beschließt die Prüfungskommission schließlich die Note für Ihre VWA.[51]

ODER KURZ GESAGT …

In die Benotung der VWA fließen Ihre schriftliche Arbeit, die Präsentation und die Diskussion mit ein – wir wünschen Ihnen für alle drei Bereiche viel Erfolg und gutes Gelingen!

---

51 Sollte die VWA mit Nicht genügend beurteilt werden, müssen Sie die Arbeit noch einmal wiederholen
(vgl. Prüfungsordnung AHS 2012, BGBl. II Nr. 174/2012, §8 (3)).

Literaturverzeichnis

Bänsch, Axel/Alewell, Dorothea: Wissenschaftliches Arbeiten. 11. Aufl. München: Oldenbourg 2013.

Braunecker, Claus: How to do Empirie, how to do SPSS. Eine Gebrauchsanleitung. Wien: facultas 2016.

BMB – Bundesministerium für Bildung: Die kompetenzorientierte Reifeprüfung. Vorwissenschaftliche Arbeit. Unverbindliche Handreichung für das Prüfungsgebiet „vorwissenschaftliche Arbeit" (VWA). Version September 2016 (zit. als 2016a). URL: https://bildung.bmbwf.gv.at/schulen/unterricht/ba/reifepruefung_ahs_vwa_handreichung.pdf?6aanmo [14.2.2018].

BMB – Bundesministerium für Bildung: Geschlechtergerechtes Formulieren. 4. Aufl. 2016 (zit. als 2016b). URL: https://www.bmb.gv.at/schulen/unterricht/ba/gs/lf_geschlechter_form_2016.pdf?63g8c6 [14.2.2018].

BMB – Bundesministerium für Bildung: Die kompetenzorientierte Reifeprüfung. Vorwissenschaftliche Arbeit. Unverbindliche Beurteilungshilfe für das Prüfungsgebiet „vorwissenschaftliche Arbeit" (VWA). Version September 2016 (zit. als 2016c). URL: https://bildung.bmbwf.gv.at/schulen/unterricht/ba/reifepruefung_ahs_vwa_beurteilungshilfe.pdf?6aanqb [14.2.2018].

Eco, Umberto: Wie man eine wissenschaftliche Abschlußarbeit schreibt. Doktor-, Diplom und Magisterarbeit in den Geistes- und Sozialwissenschaften. 13. Aufl. der dt. Ausgabe. Wien: facultas.wuv 2010.

Henz, Katharina: Vorwissenschaftliches Arbeiten. Das Praxisbuch für die Schule. Wien: E. Dorner 2016.

Lück, Wolfgang/Henke, Michael: Technik des wissenschaftlichen Arbeitens. Seminararbeit, Diplomarbeit, Dissertation. 10. Aufl. München: Oldenbourg 2009.

Müller, Roswitha: Kompetenztraining Rhetorik und Präsentation. Der Weg zum Meisterstück – VWA. In: ide – informationen zur deutschdidaktik. Zeitschrift für den Deutschunterricht in Wissenschaft und Schule, 38, 4/2014, S. 131–138.

Nienhüser, Werner/Magnus, Marcel: Die wissenschaftliche Bearbeitung personalwirtschaftlicher Problemstellungen. Eine Einführung. In: Essener Beiträge zur Personalforschung, 2/2003, S. 1–32. URL: https://www.uni-due.de/apo/Download/EBPF2.pdf [11.12.2017].

Pichler, Christian: Die Vorwissenschaftliche Arbeit: Zahlen, Daten, Fakten. Mit einem Blick auf die Diplomarbeit an BHS. In: ide – informationen zur deutschdidaktik. Zeitschrift für den Deutschunterricht in Wissenschaft und Schule, 38, 4/2014, S. 9–23.

Prüfungsordnung AHS: Verordnung der Bundesministerin für Unterricht, Kunst und Kultur über die Reifeprüfung in den allgemein bildenden höheren Schulen (Prüfungsordnung AHS). BGBl. II Nr. 174/2012 vom 30.5.2012 (zuletzt geändert durch: BGBl. II Nr. 264/2017 vom 29.9.2017). URL: https://www.ris.bka.gv.at/Dokumente/BgblAuth/BGBLA_2012_II_174/BGBLA_2012_II_174.pdf [14.2.2018].

Raab-Steiner, Elisabeth/Benesch, Michael: Der Fragebogen. Von der Forschungsidee zur SPSS-Auswertung. 4. Aufl. Wien: facultas 2015.

Reich, Kersten (Hg.): Methodenpool. 2017. URL: http://methodenpool.uni-koeln.de/, konkret: http://methodenpool.uni-koeln.de/download/experiment.pdf [10.1.2018].

Rheindorf, Markus: Die Präsentation und Diskussion der Vorwissenschaftlichen Arbeit. Zwischen Schule und Wissenschaft. In: ide – informationen zur deutschdidaktik. Zeitschrift für den Deutschunterricht in Wissenschaft und Schule, 38, 4/2014, S. 100–106.

Saferinternet.at: Online-Quellen richtig beurteilen – aber wie? Veröffentlicht am 2.4.2015. URL: https://www.saferinternet.at/news/news-detail/article/online-quellen-richtig-beurteilen-aber-wie-507/ [30.11.2017].

SchUG – Schulunterrichtsgesetz: Österreichisches Bundesgesetz, mit dem das Schulunterrichtsgesetz geändert wird. BGBl. I Nr. 52/2010 vom 19.7.2010, §§ 34–41 (zuletzt geändert durch: BGBl. I Nr. 36/2012 vom 24.4.2012). URL: https://www.ris.bka.gv.at/Dokumente/BgblAuth/BGBLA_2010_I_52/BGBLA_2010_I_52.pdf [14.2.2018].

Stangl, Werner: Arbeitsblätter. 2017. URL: http://arbeitsblaetter.stangl-taller.at/PRAESENTATION/referatpraesentation.shtml [11.12.2017].

Theisen, Manuel René: Wissenschaftliches Arbeiten. Erfolgreich bei Bachelor- und Masterarbeit. 16. Aufl. München: Franz Vahlen 2013.

Thiele, Albert: Kleiner Knigge. Präsentieren und vortragen – aber richtig. Veröffentlicht am 21.5.2001. URL: https://www.heise.de/ct/artikel/Kleiner-Knigge-285054.html [11.12.2017].

Online-Quellen

BMBWF (Reifeprüfung AHS): https://bildung.bmbwf.gv.at/schulen/unterricht/ba/reifepruefung.html [14.2.2018].

Plattform VWA: http://www.ahs-vwa.at/ [14.2.2018].

Video-Tutorials

Microsoft Word: https://support.office.com/de-de/article/Word-2016-Schulung-4d318965-c1cb-497d-8782-655a56567c7e?ui=de-DE&rs=de-DE&ad=DE [14.2.2018].

Microsoft Excel: https://www.youtube.com/watch?v=CMG-wL9MFzY [14.2.2018].

Microsoft PowerPoint: https://www.youtube.com/watch?v=43wg411m4aI [14.2.2018].

Apple Keynote: https://www.youtube.com/watch?v=JX9KDso-QfJo [14.2.2018].

Abbildungsverzeichnis